정약용, 실학으로 500권의 책을 쓰다

역사를 바꾼 인물들은 도전과 열정으로 역사를 바꾼 인물들의 일생을 만날 수 있는 시리즈로 아이들의 마음밭에 내일의 역사를 이끌어 갈 소중한 꿈을 심어 줍니다.

역사를 바꾼 인물들 5
정약용, 실학으로 500권의 책을 쓰다
초판 발행 2015년 4월 20일
지은이 박지숙
그린이 양상용
펴낸이 신형건
펴낸곳 (주)푸른책들
등록 제321-2008-00155호
주소 서울특별시 서초구 양재천로7길 16 푸르니빌딩 (우)137-891
전화 02-581-0334~5 | **팩스** 02-582-0648
이메일 prooni@prooni.com | **홈페이지** www.prooni.com
카페 cafe.naver.com/prbm | **블로그** blog.naver.com/proonibook

ⓒ (주)푸른책들, 2015

ISBN 978-89-6170-484-7 74990

＊잘못된 책은 구입한 곳에서 바꾸어 드립니다.
＊이 책 내용의 일부 또는 전부를 재사용하려면 반드시 저작권자와
(주)푸른책들 양측의 서면 동의를 얻어야 합니다.

이 도서의 국립중앙도서관 출판시도서목록(CIP)은 서지정보유통지원시스템 홈페이지(http://seoji.nl.go.kr)와 국가자료공동목록시스템(http://www.nl.go.kr/kolisnet)에서 이용하실 수 있습니다.
(CIP제어번호 : CIP2015006790)

보물창고는 (주)푸른책들의 유아, 어린이, 청소년 도서 임프린트입니다.

정약용,
실학으로 500권의 책을 쓰다

박지숙 글 | 양상용 그림

보물창고

■ 글쓴이의 말

나라와 백성을 위해 실학을 연구한 정약용

정약용은 조선 시대 정치가이며 학자입니다. 정조 임금을 도와 조선의 낡은 정치를 바꾸고, 백성들이 행복하게 살 수 있도록 노력했지요. 정약용은 모든 사람은 평등하다고 생각했습니다. 그래서 신분이 낮은 천민도 재능을 마음껏 꽃피울 수 있는 사회를 만들고자 했지요. 그뿐이 아닙니다. 정약용은 탐관오리를 혼내 주는 암행어사, 백성들을 잘 다스린 목민관, 거중기를 발명한 과학자, 수원 화성을 설계한 건축가, 천연두 치료법을 연구해 수많은 생명을 구한 의학자, 억울한 사람들이 없도록 공정하게 죄를 밝혀 낸 명판관이기도 했습니다. 정말 대단한 천재 학자이지요?

그런데 정약용은 반대 세력의 모함을 받아 벼슬자리에서 쫓겨납니다. 그 후 전라남도 강진에서 18년 동안 긴긴 귀양살이를 하게 됩니다. 억울한 누명을 쓰고 죄인이 되었으니, 정약용은 얼마나 고통스러웠을까요? 그는 슬픔과 절망에 빠져 힘겨운 나날을 보내지 않았을까요?

하지만 정약용은 불행 속에서도 꿋꿋하게 일어섰습니다. 그의 가슴속에는 나라와 백성에 대한 사랑이 가득 차 있었기 때문이지요. 그는 썩어 가는 나라를 새롭게 바꾸고, 백성들이 편안하게 생활하도록 돕기 위해 평생 동안 실학을 연구했습니다. 그리하여 나라의 앞날을 불 밝히고, 백성의 살길을 열어주는 500여 권의 책을 썼습니다. 또한 그가 설계한 수원 화성은 유네스코 세계문화유산으로 등록되어 자랑스러운 우리 문화를 세계에 널리 알렸습니다. 정약용도 유네스코에서 기념해야 할 인물로 선정되어 세계적인 대학자로 인정받았습니다.

자, 그러면 정약용이 어떻게 어려움을 극복하고 존경받는 인물이 되었는지 알아볼까요?

－2015년 봄의 길목에서, 박지숙

차 례

세눈썹이의 글공부 • 9
새로운 세상을 꿈꾸는 사람들 • 17
천주학, 조선 땅에 뿌리내리다 • 25
실학자 정약용과 정조의 큰 뜻 • 30
암행어사 정약용 • 39
백성을 살리는 참된 목민관 • 46
죽음의 길, 유배의 길 • 54
벗어날 수 없는 수렁에 갇히다 • 61
한양 선비는 가르치고, 시골 학동들은 공부하고 • 71

실학 연구의 산실, 다산 초당 • **78**
참을 수 없는 분노 • **85**
아버지의 사랑이 담긴 유배지 편지 • **90**
다산과 현산, 두 형제의 우애 • **98**
고향 땅 마재에서 • **106**

글쓴이의 말 • 4
역사인물 돋보기 • 113

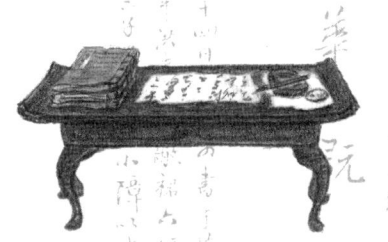

세눈썹이의 글공부

"아버지, 제 작품 좀 보시어요!"

일곱 살 약용이가 사랑채로 달려오며 소리쳤다. 조막만 한 손에 들린 한지가 하늘거렸다. 누마루에서 책을 읽고 있던 아버지 정재원은 막내아들이 의기양양하게 내민 종이를 받아 들었다. 거기에는 반듯한 글씨체로 짧은 시가 쓰여 있었다.

작은 산이 큰 산을 가렸네
멀고 가까움이 다르기 때문이라네

"흐음, 제목이 '산'이로구나. 약용이 네가 쓴 시이더냐?"

"예, 저 앞산과 뒷산을 보며 썼어요. 원래 작은 것은 큰 것을 가릴 수 없잖아요. 하지만 사람의 눈에는 가까이 있는 건 크게, 멀리 있는 건 작게 보이지요. 그래서 가까이 있는 작은 산이 멀리 있는 큰 산을 가릴 수 있는 거예요."

약용이 산새처럼 재잘거렸다. 그러고는 말똥말똥 쳐다보며 아버지의 작품평을 기다렸다.

"그래, 사물의 이치를 잘 깨달았구나. 앞으로도 자연과 세상일을 찬찬히 살펴보아라. 그리하면 나중에 역법(천문학)과 수학에 통달할 게다."

아버지가 흐뭇이 미소를 지었다.

그때 담 밖에서 아이들의 목소리가 왁자지껄 울려 퍼졌다.

"눈썹 곰보 세눈썹이야, 빨리 나와라."

그 순간 약용이 자신의 머리를 쿡 쥐어박으며 중얼거렸다.

"어이쿠, 친구들과 물장구치기로 했는데 깜빡 잊었네."

그러고는 벌떡 일어나 신발을 꿰찼다. 조금 전까지 또랑또랑했던 눈망울에 장난기가 가득 찼다. 그것을 본 아버지가 넌지시 떠보았다.

"약용아, 너는 세눈썹이 부끄럽지 않느냐? 친구들이 놀리는데 화나지 않아?"

"화가 나긴요. 얼굴에 생긴 흉터를 어찌 숨기겠어요? 오히려 저는 이 흉터가 자랑스러워요. 제가 병을 이겨 내고, 죽음을 물리친 흔적이잖아요! 게다가 이 세상에서 이런 눈썹을 가진 사람은 저밖에 없을걸요. 아버지, 앞으로 저는 어떤 힘든 일이 생겨도 이 세 눈썹을 보면서 꿋꿋이 이겨 낼 거예요."

어려서 천연두를 앓은 약용은 오른쪽 눈썹이 셋으로 갈라져 있었다. 약용은 이것을 부끄러워하지 않고 스스로 '세눈썹이, 즉 눈썹이 세 개인 사람'이란 뜻인 삼미자(三眉子)를 호로 삼았다.

'우리 약용이는 야무진 아이야. 총명하고 글재주도 좋으니 훌륭한 학자가 될 거야. 하지만 권력 싸움이 심한 벼슬길엔 나가지 않으면 좋으련만…….'

아버지는 약용의 뒷모습을 바라보며 생각에 잠겼다.

정약용은 1762년 6월 16일, 경기도 마재에서 정재원의 다섯째 아이로 태어났다. 위로 정약현, 정약전, 정약종 세 형과 누나가 한 명 있었다.

정약용이 태어나기 한 달 전쯤, 궁궐에서 끔찍한 사건이 벌어졌다. 영조 임금이 사도 세자를 쌀뒤주에 가둬 죽인 것이다. 사도 세자는 영조를 뒤이어 임금에 오를 왕세자였다. 하지만 당파 싸움에 휘말려 희생되고 말았다. 당시 조정은 노론, 소론, 북인, 남인 등으로 복잡하게 갈라져 당파 싸움이 거셌다. 그중에서 노론이 집권 세력이 되어 조정을 쥐락펴락하자, 사도 세자는 노론을 억누르려고 했다. 이에 노론은 그들의 세력을 유지하려고 세자를 모함했고, 그 결과 일어난 사건이었다.

정재원은 권력 다툼에 진저리가 났다. 더욱이 남인에 속한 그는 언제 노론의 음모에 휩쓸릴지 몰랐다. 정재원은 곧장 벼슬을 버리고 고향으로 내려갔다. 그러고는 갓 태어난 약용에게 농사나 지으며 살라는 뜻으로, '귀농(歸

農)'이라는 아명을 지어 주었다.
　어린 약용은 호기심이 많았다. 궁금증이 생기면 의문이 풀릴 때까지 책을 파고들거나, 세 형의 꽁무니를 쫓아다니며 묻고 또 물었다. 특히 시 짓기를 좋아해 『삼미자집』이라는 시집을 펴낼 정도였다. 약용은 신동이라는 칭찬을 받으며 마음껏 재능을 키워 나갔다.

　정약용이 아홉 살 되던 해였다. 어머니가 갑자기 세상을 떠났다. 어머니 윤씨는 남인의 명문가 출신이자 선비 화가로 유명한 윤두서의 손녀였다. 어머니의 죽음은 약용에게 크나큰 충격이었다. 약용은 슬픔에 젖어 지냈다. 어머니 없는 세상은 온통 어둠뿐이었다. 약용은 어머니가 보고 싶었다. 새 옷을 짓는 어머니의 모습, 저포놀이를 하면서 "3이야! 6이야!" 하고 즐거이 외치는 목소리, 어머니의 숨결과 사랑, 어머니의 모든 것이 그리워서 견딜 수 없었다. 어머니가 없는 집이 싫었다. 그래서 약용은 책을 팽개치고 산으로 들로 쏘다녔다.
　"약용아, 너는 왜 약속을 지키지 않는 게냐?"

어느 날 아버지가 약용이를 꿇어앉혔다.

"너는 세 눈썹을 보며 어떤 어려움도 이겨 낸다고 하지 않았더냐? 네 꼴을 봐라. 몸은 더럽고 마음은 공부에서 떠났구나. 언제까지 슬픔에 빠져 있을 것이냐? 하늘에 있는 네 어머니가 이런 너를 보면, 기뻐할 것 같으냐?"

그제야 약용은 자신의 모습을 훑어보았다. 옷은 흙투성이에 제대로 씻지 않은 몸에서는 부스럼이 나고, 머리에는 이가 득시글거렸다. 부끄럽고 창피했다.

"약용아, 글공부를 하려면 어떻게 해야 하느냐?"

"먼저 몸과 마음을 단정히 하고, 행동을 바르게 해야 합니다."

"맞다. 그렇다면 왜 공부해야 하느냐? 명예를 구하고 벼슬을 얻기 위해서이냐?"

"아닙니다. 옳고 그름을 가리고, 세상을 아름답게 가꾸기 위해 공부하는 것입니다."

"그렇다. 그게 참된 선비의 공부법이다. 평생 가슴에 담아 두어라."

아버지의 말씨가 누그러졌다.

약용은 살며시 오른쪽 눈썹을 만져 보았다. 눈썹은 여전히 세 갈래였다.

'다시는 시간을 헛되이 쓰지 말아야지. 함부로 나를 팽개치지 않을 거야!'

그때부터 약용은 아버지와 함께 본격적으로 공부했다. 유교의 가르침이 담긴 『논어』, 『맹자』, 『대학』 등의 경서로 학문의 기초를 다지고, 『통감강목』 같은 중국 역사책이나 『삼국사기』, 『고려사』 등 우리 역사책도 두루 읽었다. 약용은 역사책이 재미있었다. 옛사람들이 나라를 다스리고 세상을 구했던 글을 보면 가슴이 벅차올랐다. 그렇게 약용은 공붓벌레가 되어 밤낮을 잊었다. 어느덧 일 년이 지나자 그의 곁에는 글을 쓰고 지은 종이가 자신의 키보다 높이 쌓여 있었다.

새로운 세상을 꿈꾸는 사람들

1776년 새 임금이 탄생했다. 사도 세자의 아들, 정조가 왕위에 오른 것이다.

"그대들은 이 나라의 큰 병이 무엇인지 아시오? 생각이 같은 사람끼리는 한 패거리로 똘똘 뭉치고, 생각이 다른 사람을 무조건 공격하는 것이오. 이 병을 내버려 두면 조선은 영원히 썩은 나라가 될 것이오. 나는 이 병에 딱 맞는 처방을 알고 있소. 그것은 바로 '고칠 개(改)'요. 이제부터 나는 조선을 새롭게 뜯어 고칠 것이오!"

스물다섯 살 젊은 왕은 패기가 넘쳤다. 그는 영조와 사도 세자의 뜻을 이어받아 탕탕평평, 신분과 당파에 관계없이 평등하게 벼슬을 내리겠다고 밝혔다. "改, 고쳐라!" 라는 왕의 외침에 조정 대신들은 덜덜 떨었다.

정조는 곧바로 정치 개혁에 나섰다. 규장각을 설치하고, 자신을 도울 신하들을 두루 뽑았다. 한동안 벼슬에서 물러나 있던 정재원도 이때 호조 좌랑이 되었다.

그 무렵 정약용은 홍씨 집안의 처녀와 혼인한 뒤, 한양으로 올라왔다. 한양은 조선의 중심지답게 넓고 활기찼다. 호기심 많은 정약용에게는 경험해야 할 흥밋거리로 풍성했다. 중국과 서양에서 들여온 진귀한 책, 망원경 등의 신기한 서구 문물, 중국에 다녀온 선비들의 여행담, 그들이 품은 큰 뜻으로 한양은 생기 있게 꿈틀거렸다.

정약용은 둘째 형 정약전과 함께 한양 곳곳을 누비고 다녔다. 더불어 매형 이승훈, 이벽, 이가환 등과 어울리면서 새로운 학문인 실학을 만났다. 실학은 대학자 성호 이익이 개척한 학문으로, 실제 생활에 도움이 되는 것을 연구했다.

조선의 기본 학문은 유학(성리학)이었다. 인(仁)과 예(禮)를 중시하고, 자신의 몸을 바로 닦아 성인이 되도록

하는 게 그 가르침이었다. 그런데 세월이 흐르며 성리학은 이론으로 치우쳐 현실 생활과는 거리가 먼 학문으로 변했다. 더구나 양반과 상민을 차별하여 '양반만을 위한 조선'으로 바꾸어 놓았다.

그런데 실학자 이익은 달랐다. 그는 『성호사설』을 통해 조선의 정치·경제·사회·문화·역사·과학·철학 등 여러 방면에 걸쳐 비판하고 창의적인 의견을 제시했다. 더불어 조선의 정치·경제·사회 구조를 바꿔야 하며, 그래야 나라가 바로 선다고 했다. 또한 우리나라와 중국, 서양의 과학 기술까지 폭넓게 책에 실어, 실생활에 쓰일 수 있는 학문을 가르쳐야 한다고 주장했다.

노비 제도는 세상에서 가장 나쁜 법이다. 노비 제도를 없애고 노비도 사람대접을 해야 한다.
신분 차별을 없애야 한다. 우수한 중인과 서얼도 관직에 오르게 해야 한다.
일하지 않는 양반은 좀 벌레와 같다. 양반도 농사를 지어 스스로 먹고살아야 한다.

임금이 없어도 백성은 살 수 있으나, 백성이 없으면 임금은 살 수 없다. 그러니 백성이 임금보다 더 소중하다.

이익의 사상은 조선 양반 사회를 송두리째 뒤흔드는 위험한 생각이었다. 정약용은 이익의 『성호사설』을 읽고 충격을 받았다.
'이익 선생님은 조선의 앞날을 밝혀 주고 있구나. 이제부터 나도 낡은 생각을 깨트리고, 영원히 이익 선생을 따라야겠다.'
정약용은 평생토록 실학을 연구하여 백성과 나라에 보탬이 되겠다고 결심했다.
1783년 봄, 궁궐에서 사은 잔치가 벌어졌다. 소과 합격자들을 위해 정조가 베푼 축하 잔치였다. 정약용도 남빛 도포를 갖춰 입고 궁궐로 향했다.
'임금님께서는 재능 있는 사람이면 누구든 뽑아 키우신다지? 오로지 백성의 행복을 위해 개혁 정치를 펼치신댔어! 이익 선생과 똑같은 뜻을 가진 임금님, 그런 분을 뵙게 되다니 믿기지 않는걸.'

정약용은 떨리는 마음으로 창덕궁 선정전 섬돌 아래 섰다.

곧 풍악이 울리고, 찬란한 의장 깊은 곳에 정조가 앉았다. 소과 합격자들은 차례차례 임금께 인사를 올렸다. 정약용도 조심스레 앞으로 나갔다. 그때 정조가 정약용을 불러 세웠다.

"그대가 정약용인가? 답안지가 참 인상 깊었노라. 나이가 몇인고?"

"스물 둘이옵니다."

황송해하며 고개를 들던 정약용은 정조와 눈이 마주쳤다. 순간, 정약용은 숨이 멎는 듯했다. 정조의 눈매는 독수리처럼 날카로워 사람을 압도했다. 그렇지만 말끄러미 바라보는 눈빛에는 따사로움이 가득 담겨 있었다.

"거침없는 나이로구나. 성균관에서 바지런히 갈고 닦아라. 내 너를 나라의 재목으로 눈여겨보마."

정약용은 조선 최고의 교육 기관인 성균관에 들어갔다. 성균관 유생 정약용은 조선 최고의 학자들에게 강의를 듣고, 때로는 임금의 말씀도 직접 들었다. 그럴수록 공부에 대한 흥미와 욕심이 커졌다. 정약용은 세상 이치를 오롯

이 깨닫고 우주의 신비를 모조리 풀어내고 싶었다. 천지를 자그맣게 보고 우주도 내 손아귀에 있다는 생각으로 보다 나은 세상을 만들고 싶었다.

정약용은 금세 성균관의 우등생이 되었다. 정조는 이따금 성균관 유생들에게 어려운 과제를 내 주고, 시험도 치르게 했다. 그때마다 정약용은 곧잘 일등을 하여 정조에게서 붓이나 종이, 귀한 책을 상으로 받았다. 정조는 나날이 성장하는 정약용이 자못 기대되었다.

'정약용은 나와 함께 개혁의 수레를 이끌 신하가 될 것이다. 바람과 구름이 만나면 이로운 비를 내리는 것처럼 우리의 뜻이 합쳐지면 온 백성에게 행복을 안겨 주리라.'

그즈음, 정약용은 서학(천주교)을 접했다. 고향 마재에서 큰형수의 제사를 지내고 둘째 형 정약전, 이벽과 함께 한양으로 돌아오는 길이었다. 황포돛배가 한가로이 두미협을 지날 무렵 이벽이 서학에 대해 들려주었다.

"천주는 우리의 상제(하느님)와 비슷하다네. 천주께서는 천지 만물을 창조하시고 흙으로 사람을 빚으시어 천주의 자녀로 삼으시되 양반과 상민을 구별하지 않는다네.

천주께서는 내 이웃을 내 몸처럼 여기라고 했거든."

서학은 낯설고 신선했다. 정약용은 천지조화의 시작과 삶과 죽음의 이치에 대해 듣노라니, 순간 정신이 아득해지고 마치 은하수 한가운데 놓인 느낌이었다.

정약용은 한양에 올라오자마자, 천주교 교리를 담은 『천주실의』, 『칠극대전』 등을 빌려 읽었다. '양반과 상놈, 남자와 여자가 모두 평등하다'는 서학의 교리는 이익의 실학사상뿐만 아니라 정조의 개혁 정신과도 통했다. 정약용의 눈에 이익과 정조는 보다 나은 세상을 꿈꾸는 사람들이었다. 그름을 인정하고 변화를 두려워하지 않는, 열린 생각을 가진 사람들이었다. 또한 실학과 서학은 조선을 새로운 세상으로 이끌 학문 같았다.

'서학은 조선의 문제를 바로잡을 새로운 사상이다. 새롭게 보고, 힘차게 바꾸자!'

정약용은 서학에 빠져들었다. 세상의 이치와 우주의 비밀을 다 풀고 싶었던 정약용에게 서학은 흥미진진한 학문이었다. 정약용은 서양의 종교와 사상, 천문학, 수학, 과학 기술 등을 폭넓게 연구하기 시작했다.

천주학, 조선 땅에 뿌리내리다

그즈음 천주교가 빠르게 퍼져 나갔다. 이벽과 청나라 북경에서 세례를 받고 온 이승훈이 천주교 모임을 만들어 전도하는 데 힘썼기 때문이다. 신분 차별과 가난에 허덕이던 백성들에게 천주교의 사랑과 평등사상은 한 줄기 빛과 같았다. 특히 벼슬에서 소외된 남인 학자를 비롯해 몰락한 양반과 서얼, 중인, 아녀자들이 많았다.

1785년, 천주교도들은 명례방(지금의 명동) 김범우의 집에서 비밀 모임을 가졌다. 그때 갑자기 추조(형조)의 금리들이 들이닥쳤다. 금리들은 나라에서 금하는 노름판을 단속하던 중이었다. 그런데 그곳에는 양반과 평민 수십여

명이 이벽의 설교를 듣고 있는 게 아닌가. 지금껏 보지 못한 이상한 의식에 금리들은 당황했다.

"당신들은 누구요? 지금 뭐하는 게요?"

"우리는 서학을 공부하는 중이었소."

이벽이 태연하게 대답했지만, 금리들은 자신들이 판단할 일이 아니라고 여겼다. 그래서 천주교 책과 성화상(聖畫像)을 압수하고, 모임에 참석한 사람들을 형조로 끌고 갔다.

형조 판서는 끌려온 사람들을 보고 깜짝 놀랐다. 그들 중에는 이승훈, 정약용, 정약전, 정약종, 권일신, 권철신 등의 선비들이 끼어 있었다. 곰곰이 생각에 잠겼던 형조 판서는 다시는 서양 오랑캐의 종교를 믿지 말라고 경고한 뒤에 모두 풀어 주었다. 사실 그때까지 천주교는 나라에 큰 문젯거리가 아니었다. 서학 책이나 천주교 책을 읽어도 크게 막지 않았다. 그래서 형조 판서도 중인인 김범우만 충청도 단양으로 유배시키고, 명례방 사건(을사 추조 적발 사건)을 끝맺으려고 했다. 그런데 성균관 유생들이 들고일어나더니, 삽시간에 나라 전체가 들썩였다.

"오직 성리학만이 바른 학문이고, 유교의 전통만이 올바른 것입니다. 서양 문물은 그른 것이니 천주교를 물리쳐야 합니다."

"천주교도들은 양반과 노비가 똑같은 사람이라고 합니다. 어찌 양반과 노비가 같을 수 있습니까? 사악한 생각을 가진 그자들을 당장 벌해야 합니다."

명례방 사건은 유교와 천주교의 첫 정면충돌이었다. 조선은 신분 제도가 철저한 사회였고, 조상 섬기는 일을 중요하게 여기는 유교 국가였다. 그런데 천주교에서는 모든 사람이 평등하다고 하니, 유생들은 천주교가 조선 사회를 무너뜨린다고 여겼다. 그리하여 천주교를 위험한 종교, 사악한 학문이라 하여 '사학'이라고 불렀다.

'조선은 아직까지 나와 다른 것은 무조건 배척하고, 조화롭게 어우러지지 못하는구나. 참으로 안타깝다.'

정약용은 커다란 벽에 가로막힌 듯했다. 친구인 성균관 유생들도 등을 돌렸고, 집안 어른들도 서학에 관심을 갖지 말라고 꾸짖었다. 남인 가운데도 유교의 질서가 무너지는 것을 원치 않는 양반들이 있었다. 그들은 천주교를 탄압하는 공서파로 분리되어 나갔다. 이에 당파는 복잡하게 얽혔고, 공서파는 노론과 힘을 합쳐 정약용을 비롯한 개혁 세력과 천주교를 배척하기 시작했다.

"백성들이 천주교를 믿는 것은 어두운 밤에 반딧불이의 불빛을 보는 것과 같다. 해가 떠서 세상이 밝아지면 반딧불은 보이지 않듯이, 바른 학문인 유학이 밝아지면 천주교는 저절로 사라질 것이다."

정조는 천주교를 크게 탄압하지 않았다. 단지 천주교 책을 모조리 불태우게 했고, 비밀 집회도 금했다. 또 청나라로 가는 사신들이 다른 나라 사람을 따로 만나지 못하게 했고, 서양 서적도 가져오지 못하게 막았다.

그즈음 집안 어른들의 반대로 실의에 빠져 있던 이벽이 의문의 죽음을 당했다.

'이 나라에 천주학이 뿌리내리게 하려고 애썼는데, 그 꿈이 꺾인 채 떠났구나.'

정약용은 이벽의 갑작스러운 죽음이 안타까웠다. 그러나 정약용은 슬픔에 빠져 있을 수 없었다. 성균관에서 내는 과제를 하고, 과거 시험 준비에 바빠 서학에서 점점 멀어졌다.

1791년 겨울, 뜻하지 않은 사건이 터졌다. 전라도 진산에서 남인이자 천주교도인 윤지충과 권상연이 어머니의 제사를 지내지 않고, 위패를 불태운 것이다.

"천주교도들은 부모의 은혜도 모르는 놈들이다."

"사악한 학문에 빠져 조상의 제사를 지내지 않다니, 당장 그들을 처벌해야 한다."

또다시 나라 곳곳에서 들끓었다. 전국의 양반들이 일어났고, 천주교를 믿지 않는 백성들도 조상의 제사를 거부한 천주교도들을 이해하지 못했다. 이 틈에 노론의 공격이 거세졌다. 노론은 정조의 개혁 정치에 힘입어 세력이 커지던 남인을 몰아내려고 단단히 별렀던 것이다.

마침내 천주교 금지령이 떨어졌다. 윤지충과 권상연은 처형되고, 천주교를 믿던 양반들도 대부분 떠나갔다. 정약용도 이때 천주교를 떠났다. 정약용은 서학을 종교로 믿기보다 학문으로 연구했던 터였고, 더구나 천주교가 우리나라의 문화와 풍습을 인정하지 않는 게 바람직해 보이지 않았다.

실학자 정약용과 정조의 큰 뜻

스물여덟 살이 된 정약용은 대과에 급제해 벼슬길에 올랐다. 그는 곧 초계문신으로 뽑혔다. 초계문신은 규장각(왕실 도서관)에서 학문을 닦고, 임금을 도와 나랏일을 세우는 젊고 유능한 관리를 일컬었다.

창덕궁의 아름다운 후원에 자리 잡은 규장각은 늘 활기찼다. 그곳은 정조의 개혁 정치를 돕는 중추기관이었고, 젊은 인재들이 당파와 신분에 관계없이 자신의 능력을 마음껏 펼치는 꿈의 공간이었다. 남인 양반인 이가환, 정약용 등이 초계문신으로 활약했고, 서얼 출신의 박제가, 유득공, 이덕무 등은 규장각 검서관(서적의 교정과 서사 등의 일을 맡아보던 관직)으로서 그들의 역량을 발휘했다.

사실 탕탕평평, 재능 있는 사람이면 누구든 뽑아 키우는 정조의 정책은 궁궐 곳곳에서 펼쳐지고 있었다. 백동수와 같은 젊은 무사들은 우리 무예를 갈고 닦았고, 김홍도와 신윤복 같은 중인 화가들도 도화서에서 우리 예술을 꽃피우고 있었다. 바야흐로 풍요로운 조선을 꾸리고자했던 정조의 꿈이 무르익고 있었다.

그러나 노론에 맞서는 것은 힘겨웠다. 그들은 왕이 하고자 하는 일을 사사건건 반대했고, 심지어 정조를 몰래 죽이려고까지 했다. 정조가 특별히 총애한 정약용 또한 그들에게 눈엣가시였다.

그해 겨울, 정조가 정약용에게 특별 명령을 내렸다.

"내가 현륭원에 가려는데 한강이 가로놓여 번거롭구나. 그대가 강에 다리를 놓아라. 그대는 과학 기술에 밝으니 충분히 해내리라 믿는다."

현륭원은 수원 화산에 있는 사도 세자의 묘였다. 원래 사도 세자의 묘는 양주 배봉산에 있었는데 몹시 초라했다. 노론의 음모로 세상을 떠났기에 묘를 제대로 만들지 못한 것이다. 이를 안타까워하던 정조는 아버지의 묘를 화산으로 옮기고 왕릉처럼 꾸몄다. 아들로서 효도하고, 아버지의 넋을 위로하기 위해서였다.

한강은 폭이 1킬로미터가 넘는 큰 강이다. 거기에 다리를 놓기란 결코 쉬운 일이 아니었다. 더구나 수많은 신하와 호위병, 궁녀, 짐 실은 말과 소들이 한꺼번에 건너려면 튼튼한 다리여야 했다.

정약용은 우리나라, 중국, 서양의 기술 서적을 모조리 찾아 읽었다. 그러고는 그 해결책으로 배를 이용해 만든 임시 다리, 배다리를 내놓았다. 강에 수십 척의 배를 촘촘히 띄우고, 그 위에 널빤지를 깔아 만드는 방식이었다. 정약용은 강의 너비와 물살의 흐름을 살펴서 다리 놓을 장소를 정했다. 필요한 배의 수와 크기, 배와 배 사이의 간격, 배를 연결할 쇠사슬의 굵기, 배 위에 깔 널빤지의 개수와 두께 등을 하나하나 계산했다. 그러고는 설계도를 만들어 임금께 바쳤다.

얼마 뒤 한강에 배다리가 완성됐다. 실제 생활에 도움이 되는 학문을 연구했던 실학자 정약용이 과학 기술을

이용하여 만든 첫 결실이었다.

"한강에 새 길이 뚫렸구나. 과연 정약용이다!"

곧게 뻗은 배다리를 위풍당당하게 건너며 정조는 뿌듯해했다.

정조는 정약용의 재능과 성품을 아꼈다. 정약용에게 여러 벼슬을 내려 다양한 업무를 익히게 했고, 그때마다 정약용은 뛰어난 능력을 발휘했다. 그럴수록 노론은 불안했다. 그들은 정조의 개혁을 멈추게 하고, 남인과 정약용을 거꾸러뜨릴 기회만 노렸다.

1792년 봄, 진주 목사로 있던 아버지 정재원이 세상을 떠났다. 정약용에게 학문을 가르치고, 참선비로서 본보기를 보여 줬던 아버지였다.

"아버지께서는 저에게 '선비는 늘 부지런하고 검소해야 한다. 벼슬아치는 반드시 청렴해야 한다.'라고 하셨지요. 아버지! 근검과 청렴을 가슴에 새기며 살겠습니다. 그런 뒤에 제 아들딸에게도 아버지의 말씀을 재산으로 물려주겠습니다."

정약용은 아버지의 장례를 정성껏 치렀다. 그리고 고향

마재에서 시묘를 살았다. 부모를 여읜 사람은 벼슬에서 물러나 삼 년 동안 묘를 지키는 것이 당시의 풍습이었다.

그 무렵 정조는 큰 계획을 세웠다. 사도 세자의 묘와 가까운 수원에 새로 성을 쌓아 도읍을 옮기는 것이었다. 그리하면 한양에 바탕을 둔 노론의 힘을 꺾을 수 있었다.

'조선의 낡은 정치를 바꾸고 새 나라로 만들려면 한양을 떠나야 한다. 그래, 수원 화성을 만백성의 서울로 만들자!'

하지만 섣불리 일을 진행할 수 없었다. 노론이 반대하면 계획은 틀어질 게 분명했다. 또 임금의 명을 따랐던 많은 사람이 위험에 처할 수도 있었다.

"수원은 임진왜란 당시에 큰 방어 기지였소. 이제 수원성을 쌓아서 한양 남쪽의 요새로 삼을 것이며, 경기 남부의 상업 도시로 키울 것이오."

정조는 조정 신하들에게 수원성에 대한 계획을 에둘러 밝혔다. 나중에 왕위에서 물러나면 그곳에서 살고, 사도 세자의 묘를 자주 찾아다니며 효도할 것이라고 덧붙였다. 정조의 뜻에 어느 누구도 반대할 꼬투리를 잡지 못했다.

"그대가 수원성의 설계도를 만들어 바쳐라."

정조는 즉시 시묘를 사는 정약용에게 명했다. 정조는 자신의 속뜻을 이해하고 실행할 사람은 정약용밖에 없다고 생각했다. 정약용의 과학적 재능은 조선 최고가 아니던가. 그러면 한강 배다리처럼 수원성 설계도 너끈히 하리라 믿었다.

'전하께서 큰 뜻을 펼치시는구나. 그렇다면 전하의 소망대로 전쟁에도 끄떡없고 백성이 평화롭게 살 수 있는 성, 백성에게 피해가 가지 않는 최고의 성을 짓자!'

정약용은 성을 쌓는 데 필요한 동서양의 건축 책을 찾아 읽었다. 꼬박 일 년 동안 열심히 공부하니 성의 밑그림이 드러났다. 정약용은 화성 설계안 『성화주략』을 완성하여 정조에게 바쳤다. 설계안에는 성의 크기, 주요 방어 시설뿐만 아니라 성을 쌓는 방법부터 이용할 기구까지 전부 들어 있었다.

"오호, 비용과 인력을 줄이면서 튼튼한 성을 쌓는 온갖 묘책이 담겨 있구나. 기발하도다! 그대의 지혜와 독창성이 발휘된 최고의 설계안이야."

화성 설계안을 본 정조는 크게 만족해하며 칭찬을 아끼지 않았다.

"전하, 나라의 큰 공사에는 많은 기술자와 일꾼이 필요합니다. 그런데 이제껏 나라에서는 백성을 강제로 동원했고, 그때마다 백성들의 고통이 컸습니다. 하오니 이번 공사에서는 백성들에게 품삯을 주는 것이 어떻겠습니까?"

"좋다. 그게 바로 내 뜻이다."

정약용의 말에 정조가 흔쾌히 허락했다.

이후 정조는 일꾼들에게 품삯뿐만 아니라 때때로 음식을 내려 그들의 노고를 격려했다. 여름에는 더위에 지친 기술자들에게 척서단이라는 환약을 보냈으며, 겨울에는 털모자와 옷을 일꾼들에게 보내어 추위를 막게 했다.

1794년 1월, 화성 설계안을 지침서로 삼아 공사가 시작됐다. 그 사이 정약용은 다른 일에 매달렸다. 일꾼들의 힘을 덜어 주고, 공사 기간을 줄여 줄 기계를 만드는 것이었다. 정약용은 온갖 기술 서적과 정조가 보내 준 『기기도설』을 참고하여 획기적인 기계들을 발명했다. 도르래의 원리를 이용하여 작은 힘으로 무거운 물건을 들어 옮길 수 있는 거중기, 높은 곳이나 먼 곳으로 물건을 올리거나 끌어당길 때 쓰는 녹로, 물건을 실어 나르는 수레인 유형거 등이었다. 이 기계들은 성을 쌓는 데 큰 도움이 되었다.

1796년 9월, 드디어 수원의 화성이 완공되었다. 성곽 안에는 궁궐을 비롯하여 관청과 백성들의 살림집도 갖춰져 있었다. 최신식 방어 시설을 튼튼하게 갖춘 성, 새로운 도읍으로 흠잡을 데 없는 성이었다. 정약용의 지혜와 실학 정신이 깃든 걸작이었다.

"과학적이고 실용적으로 쌓아서 10년 걸릴 공사가 3년도 못 되어 끝났구나. 공사 기간이 짧아져 비용도 4만 냥이나 절약했다. 모두 정약용의 덕이로다."

정조는 아름다운 화성을 지그시 바라봤다. 과학적이며 독창성과 건축미를 갖춘 아름다운 성이었다. 그야말로 조선 성곽의 꽃이었다.

암행어사 정약용

1794년에 크게 흉년이 들었다. 예서제서 백성들의 고통 소리가 끊이지 않았다. 정조는 애가 탔다. 백성들이 겨울을 무사히 견딜 수 있을까? 나라에서 풀어 놓은 구휼미가 부족하진 않을까? 깊숙한 궁궐에서도 정조의 마음은 늘 궁 밖으로 향했다. 그래서 정조는 믿을 만한 충신들에게 눈과 귀의 역할을 맡겼다.

정약용도 은밀히 정조의 밀지를 받았다. 경기도 암행어사가 되어 적성, 마전, 연천, 삭녕 네 고을을 순찰하라는 어명이었다. 정약용은 곧장 도성을 빠져나갔다.

이튿날 해 질 무렵, 적성촌에 닿으니 마을이 썰렁했다.

집집마다 굴뚝에서 밥 짓는 연기가 피어나야 하건만, 차가운 바람만 헤집고 다녔다. 냇가에 초가집이 허물어질 듯 서 있었다. 지붕은 날아갔고 흙벽은 숭숭 뚫려 빈집 같았다. 정약용이 그 집 앞을 막 스쳐 지날 때였다. 창호지가 너덜너덜 찢겨진 방문이 열리면서 아이들이 내다봤다. 세 살, 다섯 살쯤 돼 보이는 코흘리개 형제였다. 정약용은 숨이 컥 막혔다. 아이들은 며칠을 굶었는지 눈이 휑했고, 맨발에 너덜거리는 여름옷 차림이었다.

"거기 뉘시오?"

그때 행색이 초라한 부부가 마당으로 들어섰다. 아낙의 손에 바가지가 들려 있었다. 부부는 날품을 팔아 쌀지게미를 얻어 온 모양이었다.

"지나가던 나그네인데 밥 한술 얻어먹을 수 있소?"

정약용이 묻자, 젊은 사내가 한숨을 푹 쏟았다.

"저 깨진 항아리를 보시오. 우리도 굶은 지 여러 날입니다."

"이곳도 흉년이 심했나 보오?"

"흉년뿐입니까? 저 애들의 군포를 내고 나니 남은 게

없습니다. 엊그제는 아전이 쫓아와 놋수저며 솥단지며 모두 빼앗아 갔지요. 지난봄에 꿔 먹은 환곡을 못 갚았거든요. 이젠 나졸이 들이닥쳐도 겁나지 않고, 관아에 끌려가 곤장을 맞아도 두렵지 않습니다. 그저 죽을 날만 기다리고 있습지요."

사내가 하소연하듯 들려준 이야기는 참혹했다. 마을마다 군포와 환곡의 폐단이 컸다.

당시 16세부터 60세까지의 남자는 나라를 지킬 군역의 의무가 있었다. 만약 나라를 직접 지키지 않으면, 군포라 하여 베를 1년에 두 필씩 세금으로 바쳤다. 베 두 필은 백성들에게 큰 부담이었다. 그런데 양반과 천민은 면제되었고, 그중에는 부패하고 욕심 많은 관리와 결탁해 군포를 내지 않은 사람도 많았다. 탐관오리들의 횡포는 갈수록 심해졌다. 갓난애도 군적에 이름을 올리고, 죽은 사람에게도 군포를 물렸다.

환곡은 흉년이나 춘궁기에 어려운 백성에게 싼값에 곡식을 빌려주고, 가을 추수 때에 갚게 하는 제도였다. 그런데 탐관오리들은 이것을 이용해 백성들을 착취했다. 봄에 썩은 쌀이나 모래가 섞인 쌀을 꿔 주고, 나중에 비싼 이자를 쳐서 곡식을 받아 내는 것이었다.

'탐관오리들의 횡포가 호랑이보다 무섭고, 마마보다 지독하구나. 백성을 죽음으로 몰아넣은 탐관오리를 벌하고, 하루빨리 잘못된 제도를 바로잡아야 한다.'

정약용은 무거운 마음으로 적성촌을 떠났다. 혹여 다른 마을은 괜찮지 않을까 하는 희망을 품고서 발길을 재촉했다. 하지만 다른 마을도 마찬가지였다. 한 고을에서는 백성들을 구제한다고 관아에서 죽을 쑤어 주고 있었다. 그런데 고을 수령이 내놓은 시래기죽은 사람이 먹을 수 있는 게 아니었다. 쌀 한 톨 보이지 않고 냄새가 고약해 개나 돼지도 먹지 못할 음식이었다. 그래도 며칠을 굶주린 사람들은 벌컥벌컥 달게 먹었다.

탐관오리들은 백성들을 쥐어짜 자신들의 돈궤만 채우고 있었다. 정약용은 지방관들의 잘잘못을 샅샅이 파헤쳤다. 그리고 무능하고 욕심 많은 관리들을 혼쭐내 주었다.

이때 정약용을 더욱 분노케 한 사람이 있었다. 바로 경기도 관찰사 서용보였다. 관찰사는 각 도의 수령들을 감독하는 높은 벼슬아치였다. 그런데 서용보는 앞장서서 비리를 저질렀다. 그는 흉년으로 곡식 값이 오르자, 한강 주변 일곱 마을 백성들에게 강제로 환곡을 팔아서 자신의 재산을 불렸다. 그러고는 불평하는 백성들에게 정조가 화성으로 행차할 때 지나갈 길을 닦는 비용이라고 핑계 대었다. 실제 정조의 화성 행로는 따로 있었는데, 서용보가 정조를 팔아 백성들을 속인 것이다. 진실을 알지 못한 백성들은 "괴롭고 고달프구나. 임금의 화성 행차가 우리를 죽이는구나!" 하면서 애꿎은 정조만 원망했다.

'아, 백성의 피를 빨아먹는 수령과 감사들이야말로 진짜 도둑이다. 지방관들의 그릇된 생각과 행동이 바뀌지 않으면 백성이 편안해질 수 없을 것이다.'

암행어사 정약용은 지방관의 책임과 의무를 절실하게 깨달았다. 지방관에게는 올바른 마음가짐이 무엇보다 필요했다. 그래야 백성과 고을을 이롭게 이끌 것이었다. 정약용은 언젠가 지방관의 바른 자세에 대한 책을 지어야겠다고 생각했다.

한양에 오자마자, 정약용은 정조에게 백성의 고통과 탐

관오리의 착취를 낱낱이 아뢰었다. 묵묵히 이야기를 듣던 정조의 얼굴이 점점 굳어졌다.

"썩은 땅에서 맑은 물이 나오지 못하는 법이다. 백성을 돌봐야 할 관리들이 못된 짓을 일삼으면 세상이 어찌 밝아질 수 있으랴. 당장 죄가 밝혀진 관리들을 처벌하라."

정조는 정약용이 고발한 각 지방의 탐관오리와 관찰사 서용보를 쫓아냈다. 서용보는 노론에서도 막강한 실력자였다. 그는 정약용에게 원한을 품고 평생 괴롭히겠다고 마음먹었다.

'정약용, 오늘의 이 수모를 잊지 않고 되갚아 주마.'

백성을 살리는 참된 목민관

 정약용은 승승장구했다. 정조의 정치 개혁도 순조롭고, 조선의 문화도 활짝 피어나고 있었다. 그런데 또다시 천주교 문제가 불거졌다. 그 무렵 중국인 신부 주문모가 조선에 몰래 들어와 선교 활동을 벌인 것이다. 그 사실이 알려지자, 노론은 이 기회를 틈타 공격했다.
 "중국 신부는 조선 땅에 혼자 들어올 수 없습니다. 정약용과 그 무리가 도왔을 것입니다. 그들은 나랏법을 어겼으니 크게 벌해야 합니다."
 정조는 정약용을 벌할 수 없었다. 그의 지혜와 능력을, 나라와 백성을 위하는 그의 마음을 버릴 수 없었다. 그러나 상소는 끝없이 이어졌다. 정조는 어쩔 수 없이 정약용을 금정 찰방으로 내려 보냈다가 얼마 뒤에 다시 불러들였다. 그러고는 규영부 교서, 병조 참지, 우부승지, 좌부승지 등의 벼슬을 두루 내렸다. 정약용은 중요한 직책에 앉히려는 정조와 그 자리에서 끌어내리려는 노론의 힘겨루기에 의해 숨이 가빴다. 정약용은 마음이 무거웠다. 천주교에서 멀어진 지 오래인데, 반대파들은 발목을 잡고 놓지 않았다.

정약용은 정조에게 짐이 되고 싶지 않았다. 그래서 자신의 결백을 밝히고, 벼슬을 그만두겠다는 사직 상소를 올렸다.

스무 살 무렵, 신은 서양 학문에 호기심이 많았습니다. 그것을 자세히 알고 싶었던 신은 한동안 서교에 빠졌습니다. 그러나 성균관에 들어가 공부하고, 조정에서 나랏일을 맡은 뒤에는 거기에서 멀어졌습니다. 더구나 1791년 나라에서 천주교를 금지하자마자 마음을 뚝 끊었습니다. 그 뒤 천주학을 하찮은 먼지와 그림자처럼 여겼는데, 어찌 지금까지 벗어나지 못했다고 하겠습니까…….
–서학교도가 아님을 밝히고 동부승지를 사양하는 글

정약용은 상소문에서 한때 서학에 빠졌다고 인정했다. 그러나 천주교 금지령이 내리자마자 천주교에서 떠났다고 고백했다. 그래도 노론의 비난은 수그러들지 않았다.
"지난번에 올린 상소로 그대의 마음은 알겠다. 그런데 왜 저리 이러쿵저러쿵하는지 모르겠구나. 나는 그대를 놓을 수 없구나. 잠잠해지면 부를 테니 잠시 내려가 있으라."
정조는 정약용의 사직을 받아들이지 않고, 대신 황해도 곡산 부사로 보냈다.
황해도 곡산은 첩첩산골이었다. 땅이 거칠고 비옥하지 못해 그곳 백성들은 가난했다. 더욱이 그곳은 고을 수령과 아전의 횡포가 심했다. 그래서 민란이 자주 일어나고 있었다. 정약용이 내려갈 쯤에도, 백성들이 들고일어난 상태였다.
정약용이 막 곡산에 들어설 때였다. 갑자기 누군가 달

려와 길을 막았다.

"부사 나리, 저희 억울함을 풀어 주십시오."

사내가 우렁우렁 외쳤다. 그 순간 아전 하나가 그를 체포하라고 외쳤고, 군졸들이 우르르 달려들어 사내를 묶었다. 그러고는 영문을 몰라 하는 정약용에게 아뢰었다.

"지난번에 난리를 일으키고 달아난 이계심입니다. 다시는 달아나지 못하게 잡아야 합니다."

전임 곡산 부사는 백성에게 부당하게 세금을 걷었다. 이것을 참지 못한 이계심은 천여 명의 백성을 이끌고 항의하다가 결국 쫓기는 신세가 된 것이다.

"그를 풀어 주어라. 자수한 사람이 어찌 달아나겠느냐? 그의 말을 들은 뒤에 옳고 그름을 가리겠다."

정약용은 이계심을 앞세우고 곡산 관아로 향했다.

관아에 닿자마자 정약용은 이계심의 호소문을 살펴보았다. 지금껏 곡산 관아에서는 세금으로 거둬들이는 옷감을 잴 때 두 종류의 자를 사용한다고 적혀 있었다. 정약용은 관아의 자를 확인했다. 과연 이계심의 말대로 엉터리 자였다. 전임 부사들은 백성에게 군포를 거둘 때는

긴 자를, 나라에 바칠 때는 짧은 자를 썼던 것이다. 군포만이 문제가 아니었다. 농사지을 수 없는 땅에도 세금을 물렸고, 환곡에는 겨와 모래를 섞어서 꾸어 주기도 했다. 부패한 수령과 아전들은 온갖 구실을 붙여 백성들을 괴롭히고 있었다.

"관아에서는 꼭 표준자를 사용하라. 더 이상 백성들을 속이면 큰 벌을 받을 것이다."

정약용은 아전들에게 단단히 명령했다.

그런 뒤 그는 이계심을 물끄러미 보았다. 이계심은 묵묵히 처분만 기다리고 있었다. 정약용은 이계심이 기특했다. 힘없는 백성들은 억울한 일을 당하고, 탐관오리에게 짓밟혀도 맞서 대항하지 않았다. 하지만 그렇게 해서는 관아의 잘못을 바로잡을 수 없었다. 만약 이계심처럼 불의에 맞서는 사람이 고을마다 한두 명씩만 있어도 나라는 달라질 것이다. 지방 관리들은 자신의 잇속만 채우기 위해 백성들을 함부로 짓밟지 못할 것이었다.

"너는 죽음을 두려워하지 않고 관아의 잘못을 밝혔구나. 네 용기가 백성의 억울함을 풀었다. 너와 같은 사람은 천금이 있다 해도 얻기 어렵다. 이계심, 너는 죄가 없다!"

정약용은 이계심을 무죄로 풀어 주었다.

"부사 나리, 정말입니까?"

이계심도, 아전들도, 관아 마당에서 지켜보던 백성들도 깜짝 놀랐다.

정약용의 판결은 탐관오리에게 시달려 온 곡산 백성들에게 큰 감동을 안겨 주었다. 그들은

어질고 바른 정약용을 진심으로 따랐다. 정약용은 백성의 곁에서 그들의 고통을 해결해 주고, 그들에게 살길을 열어 주기 위해 힘썼다.

겨울 무렵, 곡산 땅에 천연두가 번졌다. 천연두는 목숨을 잃을 정도로 무서운 전염병이었다. 정약용도 어릴 때 천연두에 걸려 눈썹에 흉터가 남았고, 어린 자식을 여럿 잃은 터였다.

'천연두가 돌 때마다 아까운 생명이 스러지는구나. 백성들을 살려야 한다. 나는 의원이 아니지만, 백성을 괴롭히는 질병을 보고만 있을 순 없다.'

정약용은 직접 천연두 치료법과 예방법을 찾아 나섰다. 당시 양반들은 의원을 천하게 여겼다. 의원은 중인이 하는 기술직이었기에 양반은 의술을 연구하지 않았다. 하지만 정약용은 밤낮으로 우리나라와 중국의 의학 책을 연구했다. 이름난 의원을 찾아가 일일이 묻고, 멀리 있는 의원에게는 편지를 써서 잘못된 점을 찾아냈다. 의학 책은 생명을 다루는 것이므로 신중하게 써야 했다. 백성들이 그 책을 믿고 잘못된 처방을 쓰면 위험할 수 있었다.

정약용은 '모든 생명은 소중하다!'라고 한 조선의 명의원 허준을 떠올리며 책 내용을 고치고 또 고쳤다. 그렇게 몇 개월이 지나, 드디어 천연두 치료법과 예방법을 다룬 의학 책 『마과회통』이 완성되었다. 이 책은 조선의 가엾은 생명을 수없이 구했고, 훗날 조선 최고의 천연두 의학서로 평가받았다.

죽음의 길, 유배의 길

2년 뒤 곡산 부사의 임무를 마치고 돌아온 정약용은 형조 참의가 되었다. 형조 참의는 법률과 소송, 형벌에 관한 일을 맡아보는 관리였다. 정약용은 법 앞에 모든 백성이 평등하다고 생각했다. 그는 신분에 상관없이 여러 사건을 정확하게 수사하고 공정하게 판결했다. 잘못된 판결이 나오지 않도록 조금이라도 의심쩍으면 사건을 끝까지 파헤쳤다. 억울한 죽음을 밝혀내어 그 넋을 위로했고, 누명 쓴 사람의 결백을 증명했으며, 10년 동안 풀지 못한 사건도 명쾌하게 해결했다. 어느새 정약용에게는 명탐정, 명판관이라는 별칭이 붙었다.

정약용의 활약이 돋보이자 한동안 뜸했던 반대파의 모함이 쏟아졌다. 천주학쟁이에게 나랏일을 맡겨서는 안 된다는 것이었다. 사학의 꼬리표는 끈질겼다. 정약용은 고통스러웠다. 뒤돌아보니 벼슬살이 11년 동안 단 하루도 편안한 날이 없었다. 정약용은 결단을 내렸다.

전하! 엎드려 생각건대, 차라리 신은 벼슬에 오르지 말았어야 했습니다. 남에게 헐뜯김을 당한 것이 쌓이고 쌓여서 위태로운 상태에 이르렀습니다. 모두 제 탓입니다만, 전하께서는 어리석은 저를 사랑해 주시고 감싸 주셨습니다. 하오나 마치 토끼가 덫에 잡히고, 새가 그물에 걸린 듯하여 부질없이 임금님께 걱정만 끼치고 말았습니다. 저들은 승냥이마냥 물고 뜯으며 절대로 놓지 않을 것이니, 신은…… 감당할 길이 없습니다. 전하, 바라옵건대 임금의 은혜를 저버리는 신을 벌하여 주십시오. 영원히 대궐 문을 떠나려 하니 눈물만 쏟아질 뿐이옵니다.

　　　　　　　　　　　－형조 참의를 사직하는 글

1800년 6월 중순, 달빛이 쏟아지는 밤이었다. 규장각 서리가 벼슬을 벗어던지고 고향에 내려온 정약용을 찾아왔다. 그는 중국 역사를 간추린 『한서선』 열 질을 내밀며 정조의 말을 전했다.

"전하께서 '다섯 질은 선물이니 집에 두고, 나머지 다섯 질은 제목을 지어 대궐로 보내라. 곧 책을 편찬할 일이 있는데, 주자소(규장각) 벽에 새로 흙을 발라서 마르지 않았구나. 그믐께면 말끔해질 테니 그때까지 참고 기다려라. 잊지 않고 꼭 부르겠다.'고 하셨습니다."

정약용에 대한 정조의 사랑은 각별했다. 정약용은 임금의 은혜에 감격하며 책 꾸러미를 끌어안았다.

그런데 6월 28일, 갑자기 정조가 세상을 떠났다. 마흔아홉의 창창한 나이에 믿기지 않는 죽음이었다. 정조는 백성의 생활을 안정시키고 학문과 문화의 수준을 높이 끌어올리고, 조선의 법과 제도를 새롭게 정비하고, 새로운 문물과 기기들을 들여와 나라 경제를 발전시킨 성군이었다. 아직도 이 나라, 이 백성을 위해 할 일이 많은 왕이었다.

"아, 조선의 하늘이 무너졌구나. 조선과 조선 백성의 불행이로다. 전하, 백성들을 놔두고 어디로 가시나이까? 제발 돌아오소서. 저승길은 전하가 가실 길이 아니옵니다!"

 정약용은 궁궐 밖에 엎드려 울부짖었다. 정약용에게 정조는 훌륭한 스승이었고, 임금과 신하의 관계를 뛰어넘은 벗이 아니었던가. 정약용은 정조와 함께 학문을 토론하고 밤이 새도록 나랏일에 골몰했던 일들을 떠올렸다. 온통 아름다운 기억뿐이었다. 함께 꾸던 그 꿈은 어이하랴. 새로운 조선을 꿈꾸었던 정조. 이제 그 꿈은 물거품이 되었다. 또한 반대파에 맞서 방패막이가 되어 준 정조가 사라진 지금, 정약용의 목숨도 위태로웠다.

 1801년 1월, 기어이 조선에 소용돌이가 휘몰아쳤다. 어린 왕 순조를 대신하여 수렴청정을 시작한 정순왕후가 천주교 금지령을 내렸다.

 "이제부터 천주교도를 모조리 잡아들여 사학의 뿌리를 뽑아라! 만약 그들을 숨겨 주는 자가 있으면 똑같이 처벌하여 씨도 남기지 말라!"

정순왕후는 노론의 한 사람이었다. 그러니 천주교 문제는 구실일 뿐, 남인과 개혁 세력들을 몰아내려는 속셈이었다.

남인들은 긴장했다. 천주교도들은 몸을 사리며 깊이 숨어들었다. 어느새 천주교의 핵심 인물이 된 셋째 형 정약종도 위험해졌다. 정약종은 천주교 서적, 미사 도구, 중국 신부들과 주고받은 편지 등을 책 상자에 담아 안전한 곳으로 옮기게 했다. 그런데 그만 순찰하던 포교들에게 책 상자가 적발되었다. 이 '책 상자 사건'은 천주교 탄압의 신호탄이 되었다.

1801년 2월 8일, 대대적인 천주교 탄압 사건인 '신유박해'가 일어났다. 천주교도들과 정조의 개혁을 도왔던 남인들이 체포되었다. 이가환, 권철신, 이승훈, 정약전, 정약종, 정약용 등 수백 명이었다.

"너는 나랏법을 어기고 천주교에 물든 죄인이렷다!"

의금부에 갇힌 정약용은 고문을 당했다. 오래전에 천주교에서 발을 끊었다고 호소해도 소용없었다. 혹독한 고문은 19일이나 계속됐다. 그들의 매질에 살갗이 터지고 온

몸은 피범벅이 되었다. 정약용은 죽음의 함정에 빠져 살아날 길이 보이지 않았다.

그 무렵, 조정 대신들 사이에서 의견이 갈라졌다. 천주교도가 아닌 정약용은 석방해야 한다는 쪽과 반드시 없애야 한다는 쪽으로 나뉘었다. 그런데 유독 큰 벌을 내려야 한다며 목청을 높이는 사람이 있었다. 우의정 서용보였다. 예전에 경기도 관찰사였던 서용보, 온갖 비리를 저질러서 암행어사 정약용에 의해 벌을 받았던 자였다. 정약용에게 원한을 품었던 그가 앙갚음하려는 것이었다.

정약용의 집안은 풍비박산 났다. 셋째 형 정약종과 매형 이승훈, 조카 정철상은 죽음을 당했다. 신앙심이 두터웠던 그들은 당당히 천주교도임을 밝히고, 순교의 길을 택했다. 그나마 정약용과 정약전은 살아남아 유배형을 받았다. 정약용은 경상도 장기, 정약전은 전라도 신지도가 귀양지였다.

2월 27일 새벽, 정약용과 정약전은 유배 길에 올랐다. 사랑하는 사람들의 죽음에 정약용은 핏빛 울음을 삼켰다. 젊었을 적 정약용은 천하의 일을 다 알고 싶어 세상 모든 책을 읽고자 했다. 그러나 그는 속절없이 날개 꺾인 새요, 그물에 걸린 물고기였다. 정약용은 붉은 포승줄에 묶인 채 쓴웃음을 지었다.

벗어날 수 없는 수렁에 갇히다

"죄인 정약용은 당장 나오시오!"

그해 초겨울이었다. 느닷없이 유배지 장기로 포졸들이 들이닥쳤다. 그들은 다짜고짜 정약용을 오랏줄로 묶더니 한양으로 끌고 갔다. 이유인즉, 지난 2월 천주교 탄압 때 몸을 피했던 조카사위 황사영이 붙잡힌 것이다.

천주교도들의 죽음을 슬퍼하던 황사영은 충청도 제천에서 중국 북경 주교에게 비밀 편지를 썼다. 하얀 비단에 쓴 편지(백서)에는 신유박해의 상황이 자세히 적혀 있었다. 또한 서양 군함을 조선에 파견해 시위함으로써 천주교에 대한 탄압을 막고, 신앙의 자유를 얻게 도와 달라는 내용이었다.

조정은 발칵 뒤집혔다. 곳곳에서 역적 천주교도들을 죽여야 한다고 외쳤다. 삽시간에 황사영과 천주교도들은 나라를 팔아먹는 역적이 되었다. 노론은 즉시 정약용 형제를 '황사영 백서 사건'의 배후자로 엮었다. 천주교도들은 줄줄이 붙들려 왔고, 정약용과 정약전도 한양 의금부에 갇혔다.

"천주교도 천 명을 죽여도 정약용 하나를 죽이지 못하면 아무 소용이 없다. 이번이 정약용을 없앨 마지막 기회다."

노론은 기세등등했다. 그들은 또 이렇게 믿고 있었다.

'조선을 위해서 정약용은 꼭 없애야 한다. 정약용은 끔찍한 생각을 가진 자다. 양반도 땀 흘려 일해야 하고, 평민이든 상민이든 누구든지 벼슬을 할 수 있어야 한다고 하지 않는가. 그런 위험한 자는 그냥 두어선 안 된다.'

지독한 고문이 시작됐다. 정약용은 벗어날 수 없는 수렁에 빠졌다. 오직 그에게는 죽음밖에 없었다.

그때, 기적처럼 한 사람이 나섰다. 황해도 전 관찰사

정일환이었다.

"정약용이 황사영을 도왔다는 증거는 없습니다. 그는 유배지 장기에서 누구와도 만나지 않았습니다. 더구나 정약용은 곡산 부사로 있을 때 고을을 잘 다스리고, 백성들의 생명을 구했습니다. 백성들이 부모처럼 섬기고, 목민관의 본보기가 된 사람을 함부로 죽여선 안 됩니다."

정일환과 곡산 백성들 덕분에 정약용과 정약전은 가까스로 살았다. 한양으로 끌려온 지 열흘 만이었다. 그러나 황사영은 처형당했고, 그의 아내와 두 살배기 아들은 노비가 됐다.

1801년 11월 6일, 정약용 형제는 다시 귀양길에 올랐다. 정약용은 전라도 강진, 정약전은 흑산도였다.

두 형제는 남쪽 땅끝으로 이어진 황톳길을 걸었다. 하염없이 산을 넘고, 강을 건너는 800리 길이었다. 걷다 보니, 보름 만에 전라도 나주 율정(밤남정) 삼거리에 이르렀다. 강진과 흑산도의 갈림길이었다. 형제는 율정 주막에서 마지막 밤을 보냈다. 그러나 둘 다 잠들 수 없었다. 아침이면 각자 떠나야 한다. 형제 중에서도 유독 마음이 통해 어렸을 때부터 함께 공부하고, 함께 한양 거리를 돌아다니며 새로운 세계를 엿보던 두 사람이었다. 이제 정약용은 둘도 없는 친구이자 스승과도 같았던 형과 언제 만날지 알 수 없는 이별을 해야만 한다. 정약용은 영원토록 날이 새지 않기를 바랐다. 그러나 새벽빛은 부옇게 밝아왔다.

주막집 새벽 등불 파르르 꺼지려 해
일어나 샛별 보니, 아! 이제는 슬픈 이별인가
그리운 정 가슴에 품은 채 두 사람 말을 잃어
애써 목청 다듬건만 목이 메어 울음 솟네
흑산도 아득한 곳. 바다 끝 하늘과 이어진 곳

형님은 어찌하여 그곳으로 가시나요

−「율정 주막에서의 이별」

"형님, 부디 건강하십시오. 다시 뵐 날이 있을 것입니다……."

"암, 암! 아우도 몸과 마음을 잘 추스르게. 우리는 꼭 살아서 만날 것이니 희망을 잃지 말게."

두 형제는 부둥켜안고 통곡했다. 어쩌다 형제의 처지가 이리 되었을까? 서럽고 서러웠다.

조금 뒤, 두 사람은 새벽길을 떠났다. 정약용은 몇 발자국 가다가 뒤돌아봤다.

"아우, 내 걱정은 말게나!"

정약전이 손을 크게 흔들며 밝게 외쳤다. 그러고는 성큼성큼 길 너머로 사라졌다. 우렁우렁한 목소리만 울림으로 남긴 채.

드디어 유배지 강진 땅에 닿았다. 정약용은 비틀걸음으로 들어섰다. 그런데 사나운 눈빛으로 고을 사람들이 막아섰다. 벌써 소문이 쫙 퍼진 것이다. 나랏법을 어긴 사학죄인, 천주학쟁이 대역 죄인이 귀양을 온다고. 고을 사람들은 정약용을 큰 전염병처럼 여기며 받아 주지 않았다. 어떤 이는 귀신이라도 본 듯 피하고, 어떤 이는 제집으로 들까 봐 대문을 꽁꽁 닫아걸었다.

"이보시오, 하룻밤만 묵게 해 주구려."

아무리 통사정해도 들어주지 않았다.

정약용은 막막했다. 이 세상 어디에도 자신을 받아 줄 곳은 없어 보였다. 결국 정약용은 쫓겨나듯 마을 동문 밖 주막까지 이르렀다. 정약용은 평상에 털썩 주저앉았다. 더 이상 움직일 수 없었다. 온갖 고문을 당한 몸으로 천리를 걸어왔으니 성한 데가 없었다. 정약용은 까무룩 쓰러지고 말았다.

몇 날 며칠 동안 정약용은 악몽에 시달렸다. 반대파에게 쫓기거나 반대파들의 칼날에 목이 날아가는 꿈, 정적들이 비웃는 꿈이었다. 정약용은 공포와 무섬증으로 비명을 지르며 몸부림쳤다. 그러나 몸을 일으킬 수 없었다. 눈조차 뜨지 못했다.

"쯧쯧, 마음을 단단히 잡수시구려. 산목숨을 살아야 하지 않겠소?"

따사로운 손길로 누군가 정약용을 보살폈다. 주막집 노파였다.

"에구, 어쩌다가 오갈 데 없는 몸이 되셨수? 얼른 기운 차리고 예서 지내시구려."

주막집 노파는 정약용을 살려 냈다. 그러고는 정약용에게 선뜻 봉놋방을 내줬다. 정약용은 가슴이 메었다. 몸과 마음이 허물어진 그에게 노파의 마음 씀씀이는 큰 위로가 되었다. 그래도 마을 사람들의 눈총은 따가웠다. 한밤중에 돌멩이를 던지기도 했고, 툭 하면 문을 부수거나 담장을 무너뜨리고 달아났다. 그럴 때마다 주막집 노파는 버럭 소리쳤다.

"이 야박한 사람들아, 가엾은 양반을 왜 이리 괴롭히느냐? 또다시 해코지하면 내가 혼쭐을 낼 테다!"

정약용은 방문을 닫아걸고 꼼짝하지 않았다. 어차피 찾아올 사람도 없고, 누구도 만나고 싶지 않았다. 정약용은 이따금 노파와 몇 마디 주고받을 뿐, 온종일 말 한마디 없이 지냈다. 정약용은 만신창이였다. 혹독한 고문으로 왼쪽 몸이 마비되었고, 제대로 걸을 수도 없었다. 왼쪽 얼굴도 굳어 입가에서는 침이 흐르고 말도 어눌해졌다. 밤이면 통증과 악몽에 시달렸다. 정약용은 시름에 빠져 절망의 나날을 보냈다.

'어쩌다가 내가 이곳까지 쫓겨 왔을까? 그들의 음모에 빠진 채 살아야 할까?'

정약용은 분노로 몸을 떨면서 고통스러운 유배 생활을 이어갔다.

그러던 어느 날이었다. 누런 창호지로 햇빛이 쏟아졌다. 눈을 찌푸리던 정약용은 설핏 한 무리의 사람들을 보앉다. 꿈속인 듯 생시인 듯 햇살에 어룽거리는 얼굴들! 그들은 정조와 셋째 형 정약종, 매형 이승훈이었다. 힘차게 살았던 사람들, 자신의 믿음과 신념에 목숨을 바친 사람들이었다. 그들이 정약용에게 햇살처럼 환한 웃음을 던지고 있었다.

"아!"

정약용은 손을 뻗었다. 그러나 그들은 사라지고, 햇살만 눈부시게 빛나고 있었다.

'그분들은 내 모습을 보고 무어라 할까? 아, 내 마음속의 분노가 나를 망치고 있구나. 내가 이대로 쓰러지는 것, 수렁에 빠져 허우적이는 것, 그것은 반대파들이 바라는 바다. 그래, 일어서자! 벼슬살이하느라 접어 두었던 진짜 공부를 하자. 시간은 충분하다. 백성을 살찌우는 학문, 썩어 빠진 나라를 구하는 학문에 몰두하자.'

정약용은 슬픔과 분노를 박차고 일어섰다. 그리고 겨우내 닫아 두었던 방문을 활짝 열어젖혔다. 바닷바람이 시원했다. 저만치 산기슭엔 동백꽃이 붉디붉게 피어 있었다. 유배지의 동백꽃은 어둠을 밝히는 등불처럼 환했다.

"새봄이로구나!"

정약용은 잔잔히 웃으며 붓을 들었다. 며칠 전에 노파가 슬며시 넣어 준, 질 좋은 족제비 붓이었다.

한양 선비는 가르치고,
시골 학동들은 공부하고

매서운 감시의 눈길은 주막을 떠나지 않았다. 고을 사람들은 마음을 열지 않았고, 아전들은 불쑥 찾아와 정약용을 살피곤 했다. 더욱이 노론의 한 사람이 강진 현감으로 내려와 정약용은 한동안 숨기척도 못 냈다.

어느덧 두어 해가 바뀌었다. 임금님을 모시던 높은 벼슬아치, 강진 촌구석에서는 볼 수 없는 조선 최고의 학자라는 소문이 퍼진 것일까. 아니면 정약용의 인품과 됨됨이를 알아본 것일까. 고을 사람들의 태도가 살가워졌다. 그들은 투박하면서도 푸근한 정을 베풀었다. 그들에게 정약용은 더 이상 천주학쟁이 사학죄인이 아니었다. 점잖으

신 한양 선비, 보고 배울 게 많은 분이었다.

"나리, 저희 아이들을 가르쳐 주십시오."

하루는 평소 알고 지내던 아전 몇이 찾아왔다. 비록 시골 아전에 지나지 않지만, 그들은 좋은 스승에게 자식의 교육을 맡기고 싶었던 것이다. 정약용은 흔쾌히 허락했다.

정약용은 주막집 봉놋방에 작은 서당을 열었다. 서당 이름은 '사의재'. 생각은 맑게, 몸가짐은 엄숙하게, 말은 과묵하게, 행동은 바르게 하는 집이라는 뜻이었다.

재잘재잘 와글와글, 웃고 떠드는 아이들 소리는 경쾌했다. 정약용은 아이들과 함께하며 차츰 활기를 찾았다. 아이들은 대개 글자를 모르는 까막눈이었다. 정약용은 아이들의 눈높이에 맞추어 글공부를 시켰다. 날마다 숙제를 내고, 다음 날에는 배운 글을 외도록 했다. 정약용이 정성껏 가르치고 일깨우자 금세 학문에 재능을 보이는 아이들이 있었다. 이청과 황상이었다. 이청은 수리에 밝고 영리했다. 그런데 황상은 공부에 대한 열정은 있으나 말수가 적고 자신감이 없었다.

"얘야, 공부는 재미있느냐?"

정약용은 넌지시 황상에게 물었다.

황상은 쭈뼛거리며 고개를 푹 수그렸다. 그러고는 한참 만에 간신히 대답했다.

"스승님, 저에겐 세 가지 큰 병통이 있습니다. 첫째는 머리가 둔하고, 둘째는 요령이 없어 앞뒤가 막혔으며, 셋째는 깨달음이 느려 답답한 것입니다. 저 같은 아이도 공부할 수 있을까요?"

"얘야, 세상에는 학문의 길을 가로막는 세 가지 병통이 있단다. 재빠르게 잘 외우는 이는 자기 머리만 믿고 공부를 게을리 하고, 예리하게 글을 잘 짓는 이는 자신의 재주만 믿어 들뜨기 쉽고, 깨달음이 빠른 이는 그것에 자만해 곱씹지 않아서 학문의 깊이가 없는 것이다. 그런데 너는 그런 게 없으니, 너 같은 사람이라야 참된 공부를 할 수 있다."

정약용은 멀뚱멀뚱 쳐다보는 황상을 자리에 앉혔다. 그러고는 자분자분 말을 이었다.

"얘야, 비록 공부 속도는 느려도 너처럼 꾸준히 갈고닦아야 큰 학문을 이룰 수 있단다. 무릇 둔한 데도 들이파면 그 구멍이 넓어지고, 막혔다가 터지면 그 흐름은 성대해지며, 답답한데도 연마하면 빛나게 된단다. 그러니 자신감을 갖고 부지런하고, 부지런하고, 또 부지런해라!"

"스승님! '부지런하고, 부지런하고, 또 부지런해라.' 이 말씀을 마음에 간직하고 평생토록 노력하겠습니다."

황상은 눈물을 뚝뚝 흘렸다. 아둔한 자신에게 용기를 주는 스승의 격려에 몸 둘 바를 몰랐다.

"너는 양반이 아니니 글공부를 해도 벼슬길에 오를 수 없지 않느냐? 그래도 평생 공부하겠단 말이냐?"

"예. 공부는 벼슬과 상관없이 세상의 이치를 깨닫고 마음을 닦는 것이니까요."

"맞다, 그게 진짜 공부다."

정약용의 얼굴에 웃음이 활짝 폈다.

그 뒤 황상은 어릴 적 세눈썹이처럼 책벌레가 되었다. 책이 너덜거릴 때까지 읽고 또 읽었다. 붓이 닳고 벼루가 깨지고 글 종이가 자신의 키보다 높이 쌓여도 쉴 줄을 몰랐다.

시골 훈장 정약용은 흥이 절로 났다. 서당 아이들은 벼슬을 할 수 없는 중인이었으나 기꺼이 배움을 즐겼다. 정약용은 서당 아이들을 통해 새로운 희망과 기쁨을 얻었다. 그래서 문득 욕심이 생겼다. 아이들에게 남의 나라 것이 아닌 우리의 것을 가르치고 싶었다. 조선 사람은 조선의 학문을! 그리하여 우리 마음을 살찌우고 우리 문화를 풍성하게 꽃피우고 싶었다. 아이들은 조선의 미래가 아니던가. 그래, 새롭게 바꾸자. 힘차게 가꾸자. 양반의 세상이 아니라 우리의 세상을 만들자. 그리하면 이 순박한 아이들은 분명 평등한 조선, 아름다운 조선을 꾸릴 것이다.

정약용은 우리나라 어린이용 교과서를 만들기 시작했다. 당시 아이들은 『천자문』으로 처음 글을 배웠다. 그런데 『천자문』은 중국 것을 수백 년 동안 그대로 써 온 것이어서 짜임새가 없었다.

'아이들에게 마구잡이로 가르쳐선 안 된다. 아이들이 쉽게, 재미있게 공부할 수 있어야 한다. 또한 책 내용이 자연스럽게 연결되어야 기초부터 단계별로 가르칠 수 있

다. 그래야 아이들의 지혜 구멍이 크게 열린다.'

정약용은 2천 자로 이루어진 우리의 천자문 『아학편훈의』를 지었다.

이후로도 정약용은 우리 아이들에게 조선 학문을 가르치고 싶었다. 그래서 꾸준히 어린이 학습서를 짓고, 우리말과 속담, 우리 음악과 역사 등에 관한 책을 썼다. 『소학주천』, 『아언각비』, 『이담속찬』, 『악서고존』, 『아방강역고』 등이 그것이었다.

실학 연구의 산실, 다산 초당

 1808년 봄, 정약용은 강진 읍내를 떠나 귤동 마을 다산에 있는 초당에서 살게 되었다. 초당 주인은 윤단으로 정약용의 먼 친척이었다. 그는 정약용에게 다산 초당에서 지내며 윤씨 집안 아이들을 가르쳐 달라고 청했다. 정약용은 다산 초당이 마음에 들었다. 한적하고 고요해 글공부하기에 딱 맞춤이었다. 더구나 다산에는 야생 차나무가 많아서 차를 좋아하는 정약용에게는 별천지였다.
 정약용은 다산 초당을 운치 있게 꾸몄다. 연못을 파고, 계곡물을 끌어와 작은 폭포를 만들고, 각종 꽃나무를 심었다. 산비탈에는 과일나무를 심고 채소를 가꿨다. 그런 다음 제자들과 함께 지낼 동암과 서암을 새로 짓고, 책 천여 권을 모아 놓았다. 작지만 규모 있는 학문 연구 기관을 갖춘 것이다. 정약용은 자신의 호를 '다산'이라 짓고 본격적으로 실학 연구에 전념할 준비를 마쳤다.

다산 초당에 윤씨 집안의 자제들이 쏙쏙 모여들었다. 그런데 그들은 강진 읍내 제자들과 사뭇 달랐다. 읍내 제자들은 신분은 낮았지만 야무진 강골이었다. 반면에 다산 초당의 제자들은 양반집 도령들이어서인지 나약했다. 그저 편안한 생활에 만족할 뿐, 공부에도 열의가 없었다. 정약용이 경전의 글귀를 뽑아서 공부에 대한 열의를 돋우어도, 어려운 학문에는 관심이 없고 쉬운 지름길만 따라가려고 했다.

"남자는 모름지기 사나운 새나 짐승처럼 전투적인 기상이 있어야 한다. 그러고 나서 그 거친 기운을 부드럽게 바로잡고, 법도에 맞게 다듬어야만 쓸모 있는 인재가 되는 것이다."

정약용은 매섭게 호통쳤다.

정약용도 어린 시절 글공부를 팽개친 적이 있었다. 그

때 아버지로부터 꾸중 들었던 것처럼 정약용도 제자들에게 글공부하는 사람의 바른 자세를 일깨웠다. 또 재능과 수준에 따라 묻고 답하는 공부법으로 제자들을 깨우쳤다. 얼마 후, 제자들의 실력은 봄날의 새순처럼 쑥쑥 자랐다. 이른 아침부터 밤늦게까지 다산 초당은 공부하는 소리로 생기가 넘쳤다.

정약용은 학문 연구에 매달렸다. 그는 학문의 큰 틀을 경학(유학)을 섭렵한 뒤에 경세학(세상을 다스리는 학문)을 연구하여 이 세상에 도움을 주는 것으로 잡았다.

'유학은 예의와 도덕을 중요하게 여기는 학문이다. 사람 간에 서로 공경하고 사랑을 베푸는 게 그 가르침이다. 그런데 조선의 양반들은 신분으로 사람을 차별하고 있다. 이것은 옳지 않다. 유학은 불평등한 학문이 아니다. 그래, 유학의 본래 의미를 밝혀내자.'

정약용은 경학을 탐구해 나갔다. 사서(논어·맹자·중용·대학)와 삼경(시경·서경·주역)과 육경(역경·서경·시경·춘추·예기·주례)에 담긴 뜻을 새롭게 찾아 나갔다. 경학 연구는 몇 년간 계속됐다. 정약용은 여름 무더위에도 글을 짓고, 한겨울 추위에도 밤새워 책을 읽었다. 그러다 보니 손과 발이 마비되고, 이가 세 개나 빠졌다. 머리에는 언제나 얼음장 위에서 잉어 낚시를 하는 늙은이처럼 솜털 모자를 썼다. 눈조차 잘 보이지 않아서 안경을 써야만 했다. 그래도 정약용은 글공부를 멈추지 않았다.

그러는 동안, 미욱했던 제자들도 성큼 자라서 정약용을 거들었다. 그들은 각자 역량에 맞게 책 만드는 작업에 참여했다. 자료를 찾아 중요 내용을 정리하는 제자, 정약용이 부르는 대로 받아쓰는 제자, 수정한 글을 옮겨 적는 제자, 완성된 원고를 책으로 묶는 제자로 나뉘어 일했다. 그들은 어느덧 조선 최고의 책 전문가였으며, 다산학단의 일원이었다. 그리고 다산 초당은 실학 연구의 산실이 되었다. 그렇게 해서 정약용은 실학적 체계로 새롭게 풀어낸 경학 연구서인 『매씨서평』, 『논어고금주』, 『맹자요의』 등 230여 권을 내놓았다.

몇 년 동안 경학을 연구한 정약용은 이번에는 경세학에 열중했다.

'신아구방(新我舊邦), 낡은 우리나라를 새롭게 바꾸자.'

정약용은 이 네 글자를 늘 되뇌었다. 그리고 백성들의 삶을 풍요롭게 할 방법을 연구한 책, 나라의 제도를 바꿀 방안을 연구한 책, 벼슬아치들의 바른 자세를 일깨우는 책을 짓기에 힘썼다. 그는 그 책들이 세상을 변화시키는 밑거름이 될 것이라 굳게 믿었다.

쉼 없이 학문 연구에 힘쓰다 보니, 정약용의 몸이 다시 마비되었다. 제대로 먹지도 못해 정신을 잃을 때도 있었다. 그래도 정약용은 마음을 다잡고 결코 글쓰기를 멈추지 않았다. 얼마나 오랫동안 책상 앞에 앉아 있었는지, 살이 썩어서 복사뼈가 세 번이나 드러났다.

몇 년 사이에 초당의 서가에는 수많은 책으로 채워졌다. 그중에서도 가장 특출한 작품은 불합리한 정치 제도의 개혁 방안을 담은 『경세유표』, 벼슬아치들의 올바른 자세와 백성들을 어떻게 다스려야 하는지에 대하여 쓴 『목민심서』였다. 그 책들은 바로 백성들을 향한 정약용의 마음이었다. 나라의 제도를 바르게 고치고, 벼슬아치들이 백성들을 위해 봉사하고, 만백성이 평등하게 살게 하고자 한 그의 절절한 외침이었다. 정약용은 마침내 성호 이익의 실학을 꽃피우고, 정조의 개혁 정신을 불 밝힘으로써 실학을 집대성한 것이다.

참을 수 없는 분노

1809년 겨울, 지독한 가뭄이 들더니 다음 해 가을까지 계속됐다. 하늘에는 시뻘건 햇덩이가 이글거리고, 물 한 방울 머금지 못한 땅은 쩍쩍 갈라졌다. 가뭄은 곧 흉년으로 이어졌다. 흉년도 그런 흉년이 없었다. 조선 땅 어디에도 곡식은커녕 풀 한 포기 자라지 않았다. 이른 봄부터 아낙들은 다북쑥을 뜯으러 다녔고, 사내들은 나무껍질을 벗기러 다녔다. 그러나 멀건 풀죽은 배를 채워 주지 못했다.

엎친 데 덮친 격으로, 유월이 되자 전염병이 퍼졌다. 길에는 살길을 찾아 떠나는 유랑민으로 넘쳤다. 산과 들에는 죽은 사람들로 그득했다. 그 시체들 위로 파리 떼가 몰려와 새까맣게 뒤덮었다. 차마 눈 뜨고는 볼 수 없는 끔찍한 광경이었다. 도둑과 거지가 들끓고, 곳곳에서 흉흉한 소문이 돌았다. 죽은 어미의 빈 젖을 빨고 있는 갓난아기를 보았다는 둥, 굶주린 사람들이 자식을 버렸다는 둥, 어떤 마을에서는 수백 명이 떼죽음을 당했다는 둥, 심지어 사람 고기를 먹는다는 둥, 듣기에도 소름 끼치는 이야기들이었다.

그 와중에 황당한 사건이 터졌다. 어느 한 마을에서 세금을 3만 냥이나 물리고는 백성들 재산을 싹쓸이했다. 어디에도 베 한 오라기, 곡식 한 톨 남은 집이 없어 마을 전체가 몰락하고 말았다. 그런데도 관아 수령은 맛난 쌀밥에 고기를 먹으며 잔치를 열었다.

이 얘기를 들은 정약용은 고을 수령의 만행에 울분을 참을 수 없었다.

승냥이야 이리야! 우리 송아지 채 갔으니 우리 염소만은 물지 마라

장롱에는 저고리 없고 횃대에는 치마 없다
장독에는 소금 한 톨 남지 않고 뒤주에는 쌀 한 톨 없다
무쇠 솥 가마솥 다 빼앗아 가고 숟가락 젓가락 다 털어 갔으니
도둑도 아니면서 왜 그리 못된 짓만 하느냐

우리네 논밭을 보아라. 구멍 숭숭 뚫려 참혹하지 않은가
백성들 이리저리 떠돌다 구덩이로 떨어지네
부모 같은 원님이여! 쌀밥이랑 고기랑 잘 드시며
방에 들인 그 기생 연꽃 봉오리처럼 곱구나
　　　　　　　　　　　－「승냥이와 이리」

　그날 밤, 정약용은 기나긴 시를 지었다. 백성들에 대한 안타까움과 고을 수령에 대한 분노가 담긴 시였다. 승냥이와 이리처럼 지독한 탐관오리들을 고발하는 시였다.
　'백성들은 흙을 밭으로 삼는데, 아전들은 백성을 밭으로 삼고 있구나.'
　정약용은 분노했다. 정약용이 암행어사가 되어 고을을 돌아볼 때에도, 곡산 부사가 되어 고을을 다스릴 때에

도 천재지변보다 더 혹독한 게 탐관오리의 횡포였다. 십여 년이 흘렀어도 변한 것은 없었다. 환곡에는 여전히 모래가 섞여 있고, 군포의 폐단도 마찬가지였다. 오히려 군포를 둘러싼 지방관들의 횡포는 교묘해지고 있었다. 여자를 남자로 바꿔 서류를 꾸미고, 강아지 이름을 사람 이름으로 둔갑시켰다. 어느 군적에는 곡식을 찧는 절굿공이가 버젓이 사내 이름으로 적혀 있었다. 몇 해 전 강진 근처의 갈밭마을에서는 한 사내가 자신의 생식기를 자른 사건도 있었다. 죽은 아버지와 갓난아기에게까지 세금을 물리자 다시는 아이를 낳지 않겠다며 벌인 일이었다.

'가엾은 백성들……. 우리 선대왕(정조)께서 살아 계셨다면 이 지경이 되진 않았을 텐데……. 조정 대신들과 지방 수령들은 고통스럽게 죽어 가는 백성들을 구해야 하거늘 도대체 무얼 하는지 모르겠구나.'

정약용은 답답했다. 그러나 정약용은 아무것도 할 수 없었다. 귀양 온 죄인이므로 사람 축에도 끼지 못하는 신세였다. 그러니 임금께 흉년 타개책을 건의할 수 없었고, 백성의 참상을 그림으로 그려서 바칠 수도 없었다. 그러나 무엇이라도 해야 했다.

'내가 할 수 있는 것은 오로지 글뿐이요, 내가 가진 것은 오로지 붓뿐이구나. 그래, 시를 짓자. 내 시는 그저 쓰르라미나 귀뚜라미가 풀밭에서 애달프게 읊어 대는 울음밖에 안 된다. 그래도 하늘과 땅은 그 아픔을 알아주리라.'

정약용은 백성들의 아픔만은 참을 수 없었다. 그리하여 농촌의 피폐한 현실을 드러내고, 탐관오리들의 횡포를 고발하며 백성들을 위로한 시 2,500여 편을 지었다.

아버지의 사랑이 담긴 유배지 편지

때때로 정약용은 먼 북쪽 하늘을 하염없이 바라봤다. 유배지에 갇힌 지 몇 년이 흘렀어도 가족을 향한 그리움은 달랠 길이 없었다. 특히 두 아들이 걱정되어 애를 태웠다. 나라에서 벌을 받은 죄인이 되었으니, 집안은 몰락했다. 청족(맑고 깨끗한 사대부 집안)으로 존경받던 가문이 폐족(죄를 지어 망한 집안)의 나락으로 떨어졌다. 두 아들은 죄인의 자식이어서 과거 시험을 볼 수 없어 벼슬길도 끊겼다. 두 아들의 창창한 꿈도, 미래에 대한 희망도 사라져 버렸다. 정약용은 두 아들이 슬픔에 빠져 있지 않기를 바랐다. 하지만 두 아들은 이미 글공부를 포기한 것

같았다. 강진으로 내려오는 아들의 편지에는 공부에 대한 열정이 보이지 않았다. 정약용은 두 아들에게 끊임없이 편지를 보냈다. 때로는 따사로이 위로하고, 때로는 맵차게 꾸짖었다.

내가 너희 마음을 짐작컨대, 글공부를 그만두려는 것 같구나. 영원히 폐족으로 살 작정이냐? 어째서 스스로 포기하려는 것이냐? 너희가 비록 벼슬길은 막혔으나 성인이 되고, 문장가가 되고, 진리에 통달한 선비가 되는 데에는 아무 문제없다. 이 세상에서 글공부가 제일 중요한 것은 아니다. 그렇지만 배우지 않고 예절을 모르면 짐승이나 다름없는 것이다. 뛰어난 글재주를 가진 선비는 폐족 중에서 많이 나온다. 이것은 과거 공부에 얽매이지 않기 때문이다. 폐족은 부귀영화를 얻으려는 욕심이 없어 깨끗한 마음으로 독서를 하고, 이치를 연구해서 참다운 진리와 원리를 얻을 수 있기 때문이다. 그러니 과거에 응시할 수 없다고 하여 좌절하지 말고 열심히 경전을 읽어라.

세상에 뜻있는 사람은 한때의 재난을 당해도 청운의 뜻을 꺾지 않는단다. 사나이는 가슴속에 항상 가을 매가 하늘로 치솟는 기상을 품어야 하지. 얘들아! 천지를 자그맣게 보고, 우주도 내 손아귀 안에 있다는 생각을 늘 지니렴.

너희 편지를 받으니 마음이 한결 놓이는구나. 둘째 학유는 글씨체가 나아졌고 글을 깨닫는 수준도 향상되었구나. 열심히 공부하기 때문이겠지? 부디 절망에 빠지지 말고 마음을 단단히 가져라. 폐족이 글공부를 게을리 하고 예의도 모른다면 어찌 되겠느냐? 보통 집의 사람들보다 백 배 더 노력해야 겨우 사람 축에 들 것이다. 내 귀양살이가 고생스럽다만, 너희가 독서에 정진하고 몸가짐을 올바르게 한다는 소식만 들리면 아무 걱정 없겠다. 큰아이 학연이가 4월 10일쯤 말을 사서 타고 온다고? 만날 기쁨이 참으로 크다. 그러나 다시 이별할 생각을 하니 벌써부터 마음이 괴롭구나.

정약용은 두 아들에게 절망 속에서 희망을 찾도록 가르쳤다. 다행히 두 아들은 아버지의 뜻을 받들어 글공부에 힘썼다. 또 생계를 위해 직접 농사를 지었다. 뽕나무를 심어 누에를 치고, 닭을 기르고, 과일나무를 심고, 채소와 꽃을 가꾸어 내다 팔았다. 실제 생활에 필요한 실학을 아버지한테 배운 두 아들은 몸소 실천했다. 그런데 정약용의 가르침은 더 나아갔다.

"애들아, 농작물을 키워 먹고사는 것은 농부의 삶이다. 글공부하는 사람의 참된 농사는 먹고사는 것에 그쳐서는 안 된다. 농사짓는 틈틈이 그것을 소재로 시를 지어야 한다. 새로운 농사법과 가축 키우는 법 등을 연구하고 기록해야 한다. 그리하여 책으로 엮어 다른 사람들에게 도움을 주어야 한다. 그것이 선비의 농사법이니라."

조선의 선비들은 농사짓는 것, 장사하는 것, 가축을 키우는 것 등을 하찮게 여겼다. 그런 일들은 신분이 낮은 사람들의 몫이라고 생각했다. 그러나 정약용은 그렇게 생각하지 않았다. 오히려 글공부하는 선비들이 여러 분야를 연구해서 백성들의 삶을 밝혀 줘야 한다고 믿었다. 그게 바로 정약용이 공부하는 목적이었다. 그렇게 아버지의 편지는 강진에서 마재까지의 천 리 길을 끊임없이 올라갔다.

어느 늦가을이었다. 큰아들 학연이 강진에 불쑥 찾아왔다. 몇 년 전 4월에 잠시 다녀가기는 했으나, 이번에는 정약용의 바람대로 공부하러 온 것이다. 정약용은 호젓한 고성사 승방을 빌려 '보은산방'이라고 이름 지었다. 그러고는 겨우내 아들과 함께 공부했다. 부엉이가 우는 밤, 함박눈이 싸락싸락 쏟아지는 겨울 밤, 아버지와 아들은 스승과 제자가 되어 행복한 시간을 누렸다.

큰아들이 돌아가자, 뒤이어 둘째 아들 학유가 내려왔다. 정약용이 막 다산 초당에 자리 잡을 때였다. 학유는 몸이 불편한 정약용을 정성껏 시중들고, 책 짓는 일을 거들었다. 두 아들은 참된 선비로서 부끄럽지 않게 성장하고 있었다. 정약용은 마음이 놓였다.

그런데 세월이 가도 반대파의 모함과 시기는 좀처럼 수그러들지 않았다. 유배가 풀릴 기미마저 보이지 않았다. 정약용은 고향으로 돌아갈 희망을 접었다. 그럴 즈음, 아내 홍씨가 해진 치마를 보내왔다. 30여 년 전 아내가 시집올 때 입었던 활옷이었다. 붉은빛이었던 치마는 담홍빛으로 변해 있었다. 정약용은 서글픔을 가눌 수 없었다. 살며시 치마폭을 쓰다듬으니, 천 리 먼 곳에 있는 아내의 사랑이 애틋하게 전해졌다. 그때였다. 정약용은 세상에서 가장 아름다운 책이 떠올랐다.

'이것으로 작은 서첩(책)을 만들어 두 아들에게 선물해야겠구나. 어머니의 혼례복에 쓴 아버지의 글, 어머니와 아버지의 사랑이 깃든 책을 보면 두 아들은 그 사랑과 은혜를 잊지 않을 게다. 어려움에 처할 때마다 그것을 보며 용기를 얻겠지?'

정약용은 치마를 깔끔하게 찢어서 마름질했다. 작은 치마폭이 제법 되었다. 정약용은 그것들을 하나하나 한지에 붙인 뒤, 도톰한 붓에 먹물을 듬뿍 묻혔다. 부디 어버이의 마음을 잘 헤아려 꿋꿋이 살기를 바라면서 한 장 한 장 편지글을 채웠다. 그런 뒤 마지막으로 책 표지에 제목을 적었다. 노을빛 치마로 만든 책, 하피첩!

아내의 치마폭은 얼마 뒤에 다시 쓰였다. 외동딸이 시

집을 가게 된 것이다. 정약용은 딸의 혼례를 함께할 수 없어 슬프면서도 무척 기쁘고 설레었다.

'어떻게 딸아이의 행복을 빌어 줄까? 혼례 선물로는 무엇이 좋을까?'

정약용은 몇 날 며칠 동안 잠을 설쳤다. 점잖은 선비의 체면도 생각지 않고 산기슭을 오르락내리락했다. 가슴이 쿵쾅거려서 도무지 책을 볼 수 없었다. 마침 동백나무 숲에서 산새들이 즐거이 지저귀었다. 그것을 본 정약용은 옳다구나 무릎을 쳤다. 그러고는 부리나케 초당으로 내려와 아내의 치마폭을 펼쳤다.

사뿐사뿐 포르르 새들이 날아와
우리 뜰 매화나무 가지에 앉았네.
매화꽃 향내 짙고 그윽하니
꽃향기 사모하여 홀연히 찾아왔으리.

이제부터 여기에 깃들고 머물러

가정 꾸리고 즐겁게 살려무나.

꽃도 이제 활짝 피었으니

그 열매도 주렁주렁 맺으리.

비단 치마폭에 산새 한 쌍이 다정스레 재잘거리고, 분홍 매화꽃이 활짝 피었다. 아버지의 사랑이 가득 담긴 「매조도」였다.

다산과 현산, 두 형제의 우애

'구강포 바닷물은 쉼 없이 흘러가는구나. 저 뱃길을 따라가면 우리 형님에게 닿겠지⋯⋯.'

정약용은 쓸쓸할 때면 초당 뒤편 언덕에 오르곤 했다. 언덕에 서 있으면 멀리 구강포(강진만) 앞바다가 훤히 보였다. 호수처럼 잔잔한 옥빛 바다에 돛단배가 그림처럼 떠다니고 있었다. 정약용은 돛단배를 바라보며 아득한 바다 저편, 흑산도에 있는 정약전을 생각했다. 막막한 섬에서 잘 견디실까, 먹을거리는 풍족할까. 이런저런 걱정에 가슴이 저렸다.

흑산도(黑山島), 정약용은 그 이름이 싫었다. '검을 흑

(黑)' 자의 흑산을 그대로 부르면 형님의 운명도 희망이 없는 어둠에 휩싸일 것만 같았다. 그래서 정약용은 '흑' 자 대신에 '현(玆)' 자로 고쳐 불렀다. 현은 껌껌한 어둠이 아니라, 새벽이 밝아오는 감청빛 어둠을 뜻했기 때문이다. 그래서 자연스레 정약전의 호도 '현산'이 되었다.

죄인은 유배지에서 한 발자국도 벗어나면 안 되었다. 그래서 정약용과 정약전은 1801년 겨울, 나주 율정에서 헤어진 뒤로 한 번도 만나지 못했다. 형제는 편지를 주고받으며 애틋한 그리움을 달랬다. 때로는 안부를 묻고, 때로는 학문을 토론하는 열띤 편지였다. 특히 정약용은 공부를 할 때 막히거나, 원고를 점검받고 싶을 때면 흑산도로 편지를 띄웠다. 그리고 그 편지의 끄트머리에는 꼭 진짜임을 증명하는 옥도장을 찍었다. 현산과 다산. 붉은 옥도장이 찍힌 형제의 편지는 거친 바닷길을 꿋꿋이 오갔다.

다산, 자네가 겪은 정치적 좌절은 개인적으로는 큰 불행이었네. 하지만 이토록 훌륭한 책을 썼으니 이 세상을 위해서는 퍽 다행한 일일세. 비록 세상 사람들은 이 귀한 책을 볼 날이 멀겠지만, 나는 자네 손을 꼭 잡고 "내 아우야! 내 아우야!" 하면서 등을 두드려 주고 싶구먼. 나는 내 아우가 참 자랑스러우이! -현산

 한번은 정약용이 책의 초고를 써서 보냈을 때였다. 정약전이 정약용의 학식에 감탄하면서 즉각 답장을 보냈다. 다른 학자들과 학문을 토론할 수 없었던 정약용은 그렇게 둘째 형에게 물으면서 자신의 책들을 완성했다. 정약용에게 정약전은 벗이고, 스승이었다.
 한편, 정약용의 걱정과는 다르게 정약전은 무던하게 유배 생활을 이어갔다. 얌전하고 반듯한 정약용과는 달리 정약전은 호탕하고 시원스러운 사내대장부였다. 사람들과 어울리기를 좋아했던 그는 섬사람들과도 스스럼없이 지냈다. '복성재'라는 서당을 열어 아이들을 가르쳤고, 글 모르는 어부들을 대신하여 관아의 문서도 써 주었다. 처음에 양반 죄인 정약전을 어려워하던 섬사람들은 곧 정약전을 믿고 따랐다.

정약전, 그도 정약용 못지않은 실학자였다. 정약전은 직접적으로 섬사람들의 생활에 도움이 되는 책을 쓰기 시작했다. 당시 조선은 소나무를 자르지 못하게 법으로 막고 있었다. 질 좋은 나무를 보호하려는 뜻이었지만, 백성들은 땔감이나 집 지을 나무가 없어서 몰래 벨 수밖에 없었다. 그러다 발각되면 엄청난 벌금을 물어야 했다. 지방 관들의 횡포였다. 이에 정약전은 소나무를 많이 심자고 제안했다. 백성들이 소나무를 심을 때 상을 주거나 세금을 면제해 준다면, 수십 년 후에 우리나라 산은 숲을 이루고 나라의 나무를 백성들이 훔치지 않을 것이었다. 이와 같은 내용을 정약전은 그의 책 『송정사의』에 밝혔다.

또한 정약전은 흑산도 근해에 있는 물고기들을 날마다 관찰했다. 바다 생물 155여 종을 채집하여 어류, 패류, 조류 등으로 분류했고 바다 생물의 이름, 생김새, 습성뿐만 아니라 분포 상태와 쓰임새까지 기록했다. 어부들에게 실질적으로 도움이 될 수 있는 해양생물학 지식을 정리한 것이다. 14년간의 관찰 끝에 그는 우리나라 최초의 해양생물학 책인 『현산어보』를 엮었다.

1814년 4월, 정약용에게 해배(귀양을 풀어 줌) 명령이 떨어졌다. 이제 유배지에서 풀려날 수 있었다. 그러나 정약용은 담담했다. 그도 그럴 것이 정약용은 벌써 몇 차례나 해배될 기회가 있었다. 그런데 서용보 등 반대파의 모략으로 번번이 무산되었다. 더욱이 4년 전에는 큰아들 학연이 바라를 치면서 임금께 아버지의 억울함을 호소한 적도 있었다. 그때 임금은 석방 명령을 내렸으나 반대파들이 방해했던 것이다.

정약용의 해배 소식은 곧장 흑산도에도 전해졌다.

"우리 아우가 풀려나는구나! 아우는 나를 보러 오겠지. 당장 우이도로 이사해야겠다. 내 아우에게 험한 바닷길을 두 번이나 건너게 할 수는 없지!"

정약전은 육지에서 가까운 우이도로 거처를 옮기려고 했다. 정약용이 찾아오면 머나먼 뱃길에 거푸 시달리게 할 수 없다는 마음에서였다. 그런데 흑산도 사람들이 떠나지 못하게 붙들었다. 그는 어느덧 흑산도 백성들의 스승이며 정신적 지주가 되어 있었다.

"나리, 저희 곁을 떠나시면 안 됩니다."

"제발 떠나지 마십시오. 무지렁이 아이들을 가르쳐 주셔야지요."

"여보게들, 나를 놓아 주게. 우리 아우를 만나고 꼭 돌아오겠네."

정약전은 섬사람들에게 약속하고서야 겨우 우이도로 나올 수 있었다.

우이도 바닷가에서 정약전은 아우를 기다렸다. 그러나 정약용은 오지 않았다. 정약용의 예상대로 반대 세력들이 다시 발목을 잡은 것이다. 임금의 해배 명령이 떨어지면, 의금부에서는 곧장 해배 명령서를 귀양지로 보내야 한다. 죄인이 해배 명령서를 받아야만 풀려나기 때문이다. 그런데 반대파의 방해로 의금부에서는 정약용의 해배 명령서를 보내지 못했다. 그렇게 죄인도 아닌 정약용은 귀양살이를 계속했다.

정약전의 기다림은 두 해만에 끝났다. 그토록 사랑했던 아우를 보지 못한 채, 정약전은 1816년 눈을 감았다. 결국 율정 주막에서의 밤이 두 형제의 마지막 만남이었다.

"아, 원통하다! 형님의 억울한 죽음에 나무와 돌멩이

도 눈물 흘리는구나! 외로운 이 세상에서 우리 형님만이 내 벗이었건만, 그분마저 잃었구나. 나를 알아주던 형님이 돌아가셨으니 이 슬픔을 어이하랴. 이제부터 내 학문은 누구랑 의논할꼬! 경서에 관한 240책을 새로 엮어 놓았는데, 모두 불태울 수밖에······."

정약용은 주저앉았다. 당장 우이도로 건너가고 싶었지만, 옴짝달싹 못하는 죄인의 몸이었다. 정약용은 자신의 처지가 한스러웠다. 피눈물을 흘리던 정약용은 두 주먹을 불끈 쥐었다.

'형님은 권력과 벼슬자리를 탐하지 않고 백성들 속으로 들어가 백성과 하나가 되었다. 그분은 진정 참된 선비였다. 그러니 그분의 죽음을 헛되이 할 수 없다. 나는 이겨 내리라. 이 땅의 백성들이 평등하고 인간답게 살도록 부조리한 것을 뜯어 고치게 하리라. 그것이 내 형님의 뜻이다!'

정약용은 다시 유배의 고통을 견뎌 나갔다. 세상을 향해 맵차게 붓을 휘날리면서.

고향 땅 마재에서

18년의 긴 세월이 흘렀다. 궁궐에서 정조와 함께 나랏일에 힘쓰던 청년 정약용은 머리가 허옇게 센 쉰일곱의 노인이었다. 이제 강진은 유배지가 아니라 영원한 안식처가 될 듯싶었다. 정약용은 해배될 희망을 내려놓은 지 오래였다. 그저 묵묵히 학문을 연구할 뿐이었다.

그런데 1818년 8월, 갑자기 해배 명령서가 내려왔다. 마침내 자유의 몸이 되었다.

"스승님, 이제 고향으로 가게 되었습니다!"

다산 제자들이 눈물을 글썽였다. 유약한 글방 도령이었던 그들은 걸출한 학자가 되어 있었다. 제자들이 없었다면 이 막막한 곳에서 어찌 지냈을까. 제자들의 도움이 없었다면 어찌 수많은 책을 완성할 수 있었을까. 정약용은 제자들이 대견하고 믿음직스러웠다.

이윽고 떠날 시간이 되었다. 정약용은 말끄러미 다산 초당을 둘러보았다. 마음의 쉼터이며, 실학 연구의 산실이었던 다산 초당. 봄이면 붉디붉은 동백꽃이 피어났다 지고, 가을이면 샛노란 유자가 그윽한 향기를 내뿜던 보금자리였다. 정약용은 천천히 눈길을 돌리며 풍경 하나하나를 마음의 화첩에 담아 두었다.

정약용은 18년의 먼 길을 거슬러 보름 만에 고향 마재로 돌아왔다. 곁에는 듬직한 제자들과 산더미처럼 불룩한 책 수레가 함께였다. 정약용은 고향집 여유당에서 잠시 휴식을 취했다. 그러고는 다시 바쁜 나날을 보냈다. 정약용의 학문을 흠모하던 선비들이 찾아오면 밤새도록 토론했고, 이름난 학자들과 편지를 주고받으며 다산 초당에서 편찬한 책들을 평가받았다. 그런 다음 잘못된 부분은 수정하고 보충했다. 정약용은 기뻤다. 자신의 책에 관심 갖는 사람이 많을수록, 조선을 개혁하고 백성을 구하고자

했던 뜻도 널리 퍼질 것이다. 처음 시작은 작아도, 사람들의 뜻이 모이고 모이면 조선의 내일은 밝아질 게 아닌가.

정약용은 이듬해 여름에 『흠흠신서』를 완성했다. 갑작스레 해배 명령이 떨어져 강진에서 미처 끝내지 못한 책으로, 형벌과 재판에 관한 조선 최고의 법률 연구서였다. 또한 억울하게 죽은 사람의 누명을 벗겨 주고 무고한 백성이 옥살이하는 일이 없도록 한 지침서였다.

이로써 정약용은 조선 최고의 걸작 『경세유표』, 『목민심서』, 『흠흠신서』를 세상에 내놓았다.

새로운 조선, 평등한 조선, 부강한 조선, 풍요로운 조선을 꿈꾸었던 정약용. 그는 18년 동안 유배의 고통 속에서도 좌절하지 않고, 평생을 올곧게 살며 나라와 백성을 구할 책을 썼다. 그리하여 조선의 앞날을 밝힐 책 500여 권과 2,500여 편의 시를 남겼다. 정치, 경제, 역사, 지리, 문학, 과학, 건축, 의학, 약학, 천문, 음악 등 미치지 않은 분야가 없었으며, 이로써 조선 실학을 집대성하게 된 것이다.

평생의 역작을 완성한 정약용은 더 이상 바깥세상에 관심을 갖지 않았다. 벼슬에도 욕심이 없었다. 그러나 그에게는 아직 할 일이 남아 있었다. 당파 싸움에서 비롯된 억울한 죽음, 그 진실을 밝히는 것이었다! 그것이 정약용의 마지막 임무였다.

'후세 사람들에게 잘못된 역사를 전할 수는 없다. 암, 그들의 넋을 위로해야 한다.'

정약용은 자서전이자 묘지명인 『자찬묘지명』을 지었다. 그리고 세력가들에게 무참히 죄를 뒤집어쓴 사실들을 밝혔다. 그런 다음 정약전, 권철신, 이가환, 윤지범, 윤지눌 등의 묘지명도 지었다. 천주교 박해 때 억울하게 희생당한 그들의 일생을 올곧게 드러낸 것이다.

1836년 2월, 싱그러운 봄날이었다. 모처럼 여유당 안팎이 시끌벅적했다. 정약용과 아내가 결혼한 지 60주년이 되는 회혼 일이 다가온 터였다. 며칠 전부터 일가친척들과 제자들이 찾아왔다. 여유당은 잔칫날의 흥겨움으로 들썩거렸다. 정약용은 흐뭇한 표정으로 손님을 맞이하고, 아내에게 바치는 시를 지었다.

2월 22일, 회혼 일 아침이 밝아왔다. 따사로운 봄바람과 함께 복사꽃이 마당 가득 흩날렸다. 화르르 날아오르는 복사꽃을 바라보던 정약용이 조용히 눈을 감았다. 그의 입가에도 분홍빛 미소가 가득 피어났다.

그의 마지막 시이자, 아내에게 바친 사랑의 노래에는 다음과 같은 글귀가 쓰여 있었다.

'슬픔은 짧았고 기쁨은 길었네!'

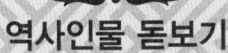

역사인물 돋보기

정약용(1762~1836)

병든 조선을 고치고자 했던 정약용은
어떤 시대에 살았으며 그와 함께
개혁에 앞장선 사람들은 누구였을까?
고통스러운 유배의 삶 속에서도
학문에 자신을 바쳐 실학을 집대성한
정약용의 삶을 좀 더 구석구석 살펴보자!

1. 정약용은 어떤 시대에 살았을까?

당파 싸움과 탕평책

조선 후기는 오랜 기간의 전란으로 나라가 병들어 있었는데, 양반들은 붕당으로 갈려 서로 권력을 차지하려고 싸우면서 급기야 왕을 갈아치우기까지 했습니다. 노론의 힘을 입어 왕이 된 영조는 노론의 눈치를 보게 되어 나라를 바로 세울 수 없자, 왕권 강화를 위해 붕당에 관계없이 재주가 있는 인재를 등용하는 '탕평책'을 실시했습니다.

정조와 문예 부흥

정조의 시대에는 붕당과 신분에 관계없이 등용된 인재들이 학문과 예술을 꽃피웠고, 상공업이 발달하였으며, 수원 화성이 지어졌습니다. 정약용은 그 중심에서 활약하였습니다. 또한 조선보다 문화적으로 열등하다고 생각했던 청나라에 대한 새로운 인식으로 외래의 문물과

단원 김홍도의 〈씨름〉

종교가 지식인들에게 퍼져 나가며 변화를 맞이하던 때였습니다.

세도 정치와 신유박해

정조에 이어 왕위에 오른 순조는 열한 살이었습니다. 임금이 어렸기 때문에 궁중의 제일 어른인 영조의 부인 정순왕후가 대신 정치를 했습니다. 이때부터 정순왕후의 친정 사람들(왕의 외가)이 권력을 독점했고, 이런 세도 정치로 인해 사회는 부패해 갔습니다. 또한 그들을 반대하는 세력을 모두 없애고자 천주교를 박해하여 많은 신자들이 목숨을 잃는 신유박해 사건도 일어났습니다. 정약용도 이때 누명을 쓰고 유배를 가게 되었습니다.

2. 쏙쏙! 키워드 지식 사전

실학

실학은 17세기 중기에서 시작하여 19세기 초반까지 이어졌던 학풍입니다. 당시 조선의 권력자들은 국가의 이념이었던 성리학을 권력 다툼과 양반의 특권을 누리는 데

에만 이용하며 나라를 병들게 하고 있었습니다. 이런 상황에 대한 반성과 비판으로 농업을 비롯해 상업과 수공업 등 생산에 대한 중요성을 강조하는 학자들이 생겨났습니다. 그들은 나라의 안정과 부국강병을 위해 생활에 적용할 수 있는 실용적 학문을 연구하고 양반 사회의 잘못된 점을 개혁하고자 했습니다. 이것이 바로 실학입니다.

수원 화성

수원의 화성은 강력한 왕권을 세우고자 했던 정조의 바람이 담긴 조선의 '신도시'였습니다. 정약용은 청나라와 서양의 여러 책과 신기술을 응용하여 화성을 설계하고, 백성들의 고된 노동을 보다 쉽게 하고 비용을 아끼기 위해 새로운 건축 도구인 거중기와 녹로 등을 제작하여 사용하였습니다. 유네스코에 의해 세계문화유산으로도 지정된 수원 화성은 우리나라 성곽의 꽃으로 평가되고 있습니다.

수원 화성

3. 잘사는 조선을 꿈꾼 개혁가들

성호 이익(1681~1763)

이익은 당시 조선을 '무거운 병에 걸려 생명이 위태로운 환자'라고 보았고, 그 병의 원인은 권력과 돈을 탐하며 올바른 선비를 죽이고 백성의 것을 빼앗는 양반에게 있다고 생각했습니다. 그래서 땅을 고르게 나누어 주고, 신분 제도와 과거 제도를 없애서 공평하고 능력에 맞게 인재를 뽑아야만 병든 조선을 고칠 수 있다고 처방했습니다. 정약용도 성호 이익이 쓴 책을 읽고 평생 그를 자신의 스승으로 삼아 실학을 연구하게 되었습니다.

담헌 홍대용(1731~1783)

홍대용은 관직이 없는 양반층이 노비를 부리며 놀고먹기 때문에 조선이 가난해졌다고 비판했습니다. 또한 베이징에 가서 청나라 문물을 직접 본 후, 서양 과학을 비롯해 오랑캐라고 무시했던

담헌 홍대용

청나라의 문화와 신문물을 받아들여야 한다는 '북학론'을 주장하며 조선의 개혁을 외쳤습니다. 수학과 과학에 뛰어났던 그는 신분에 관계없이 여덟 살 이상의 모든 어린이에게 의무 교육을 실시해야 한다는, 당시로서는 획기적인 교육 제도를 주장하기도 했습니다. 그의 사상은 조선 사회에 개혁을 주장하는 힘이 되었습니다.

연암 박지원(1737~1805)

연암 박지원

중국 역사상 가장 부강하고 평화로웠던 시대에 청나라에 간 박지원은 선진 문화와 학문을 보고 배웠습니다. 그래서 백성을 이롭게 하고 나라에 보탬이 되게 하려면 청나라가 오랑캐라는 케케묵은 생각에서 벗어나 그들을 본받아야 한다고 주장했습니다. 이와 같은 주장을 한 학자들을 '북학파'라고 부릅니다. 그는 현실과 멀어진 정치와 변화를 거부하는 권력에 맞서 사람들을 일깨우고 낙후된 조선 사회를 개혁하고자 많은 글을 남겼습니다.

4. 한눈에 보는 정약용의 발자취

1762년 지금의 경기도 남양주 마재마을에서 태어났습니다.

1768년 천연두를 앓은 흔적이 오른쪽 눈썹 위에 남아 '삼미자'라는 별호를 갖게 되었습니다.

1777년 성호 이익의 책을 처음 읽고 실학에 뜻을 두었습니다.

1784년 이벽으로부터 천주교에 대한 이야기를 듣고 책을 얻어 보았습니다.

1789년 문과에 급제하여 초계문신에 임명되었으며, 겨울에 배다리를 만들어 공을 세웠습니다.

1792년 수원 화성을 설계하고, 거중기와 녹로 등을 고안하여 화성을 짓는 데 이용하여 경비를 절약하였습니다.

1794년 경기 암행어사가 되어 탐관오리를 벌했습니다.

1801년 천주교가 빌미가 되어 강진으로 유배되었습니다.

1808년 강진 읍내를 떠나 다산으로 거처를 옮겨 제자들을 가르치고 독서와 저술에 힘쓰기 시작하였습니다.

1818년 유배에서 풀려 고향으로 돌아갔습니다.

1836년 회혼일에 고향에서 숨을 거두었습니다.

〈역사를 바꾼 인물들〉 시리즈, 더 읽어 보세요!

❶ 이순신, 거북선으로 나라를 구하다
23전 23승, 불패 신화를 이룬 성웅 이순신의 일생

이순신의 전 생애뿐만 아니라 역사적 사건인 임진왜란을 실감나게 그려 내어 머리가 아닌 마음으로 역사를 배우도록 했다. -〈문화일보〉

❷ 김구, 통일 조국을 소원하다
민족의 큰 스승 백범 김구의 빛나는 발자취

일본으로부터 해방된 지 오래지만 여전히 '아름다운 나라'를 염원하고 기다리는 오늘의 우리에게 깊은 울림을 준다. -〈연합신문〉

❸ 루이 브라이, 손끝으로 세상을 읽다
눈먼 사람들에게 지식의 문을 열어 준 루이 브라이 이야기

온갖 어려움 속에서도 희망과 용기를 잃지 않은 브라이의 삶은 우리에게 진한 감동을 선사한다. -〈세계일보〉

❹ 세종 대왕, 세계 최고의 문자를 발명하다
훈민정음 속에 숨겨진 세종 대왕의 피땀 어린 노력과 삶

백성을 향한 사랑을 가장 큰 원동력으로 삼아서 살다 간 세종 대왕의 일생을 통해 지도자의 덕목을 전해 준다. -〈독서신문〉

박지숙 충남 태안에서 태어났으며 대학에서 문예창작을 공부했습니다. 2003년 중편동화 「김홍도, 무동을 그리다」로 제1회 푸른문학상 〈새로운 작가상〉을 수상하며 작품 활동을 시작했습니다. 지은 책으로 『김홍도, 조선을 그리다』, 『빈센트 반 고흐』, 『우리나라 역사, 첫 번째 이야기』, 『한옥, 몸과 마음을 살리는 집』, 『이순신, 거북선으로 나라를 구하다』, 『김구, 통일 조국을 소원하다』, 『정약용, 실학으로 500권의 책을 쓰다』 등이 있습니다.

양상용 1963년 전남 화순에서 태어나 홍익대학교에서 동양화를 공부했습니다. 그림책 『냇물에 뭐가 사나 볼래?』, 『고구마는 맛있어』, 『풀아 풀아 애기똥풀아』와 동화책 『밤티 마을 큰돌이네 집』, 『무서운 학교 무서운 아이들』, 『아, 호동왕자』, 『이쁘 언니』, 『바람의 아이』, 『넌 아름다운 친구야』, 『만년 샤쓰』, 인물전 『정약용, 실학으로 500권의 책을 쓰다』 등에 그림을 그렸습니다.